ro
ro
ro

Keith Bradford ist der Inhaber und Webmaster von Bradford Media. Dieser Ein-Mann-Verlag betreibt 1000LifeHacks.com, YupThatExists.com sowie viele andere Blogs und Webseiten. Seit seinem Stapellauf hat Bradford Media eine Leserschaft von insgesamt über 500 000 Personen erreichen können – und täglich werden es mehr.

Der Autor lebt nördlich von Toronto, Kanada, in einer kleinen Vorstadt namens Aurora. Er liebt Hockey, macht gerne Musik und hat eine Vorliebe für Comics.

Keith Bradford

Uni-Hacks

Tipps und Tricks für das Studentenleben

Aus dem Englischen
von Ana González y Fandiño

Rowohlt Taschenbuch Verlag

MIX
Papier aus verantwortungsvollen Quellen
FSC® C083411
www.fsc.org

Das für dieses Buch verwendete Papier ist FSC®-zertifiziert.

4. Auflage Januar 2021

Deutsche Erstausgabe
Veröffentlicht im Rowohlt Taschenbuch Verlag,
Reinbek bei Hamburg, April 2018

Die amerikanische Originalausgabe erschien 2015 bei
Adams Media, Avon, Massachusetts,
unter dem Titel «College Hacks»

Umschlaggestaltung ZERO Media GmbH, München
Umschlagabbildung FinePic®, München
Illustrationen von Kathy Konkle
Gesetzt aus der Franziska Pro, InDesign
bei Dörlemann Satz, Lemförde
Druck und Bindung CPI books GmbH, Leck, Germany
ISBN 978 3 499 63241 9

Einleitung

Herzlich willkommen an der Uni, wo die Partys wilder und die Prüfungen härter sind – und wo du froh sein kannst, wenn du für ein Seminar nur eine 20-seitige Hausarbeit schreiben musst. Klar, du könntest die nächsten Jahre auch im Gefolge total gestresster Studierender atemlos den erforderlichen Credit Points hinterherjagen und dich dabei von einer Prüfung zur nächsten hangeln. Doch warum der Aufwand, wenn es auch viel einfacher geht?

In diesem unverzichtbaren Ratgeber findest du einfache Lösungen für Situationen, denen du in deiner Uni-Karriere früher oder später garantiert begegnest. Wie man im Handumdrehen eine Literaturliste aus dem Ärmel schüttelt und was dir nach einer durchfeierten Nacht wieder auf die Beine hilft. Hier findest du Seite für Seite Tipps und Tricks, um alle Herausforderungen spielend zu meistern, und zwar schneller und effizienter, als du jemals für möglich gehalten hättest.

Den Großteil dieser *Uni-Hacks* verdanke ich den Tiefen des Internets sowie etlichen Zuschriften von Leserinnen und Lesern meines Blogs *1000LifeHacks.com*. Ich habe sie in zehn Kapiteln zusammengefasst, die jeweils verschiedene Aspekte des Uni-Lebens unter die Lupe nehmen. Das heißt aber nicht, dass du sie in der vorgegebenen Reihenfolge lesen musst. Du kannst

stattdessen auf jeder beliebigen Seite anfangen, um dein Leben gleich hier und jetzt zu verbessern.
Hör auf, die Dinge komplizierter zu machen, als sie sind! Mit Hilfe dieser *Uni-Hacks* wirst du augenblicklich vom Durchschnittsstudierenden zum Profi – und mühelos durch die Semester spazieren, ohne auch nur ansatzweise ins Schwitzen zu kommen.

1. Technik

- Mach am Anfang des Semesters ein Foto von deinem Stundenplan und speichre es als Hintergrundbild für den Sperrbildschirm deines Smartphones. So hast du ihn immer zur Hand.

- Kommst du bei einer Matheaufgabe nicht weiter, dann gib sie bei www.WolframAlpha.com ein, und du erhältst die Lösung.

- Hast du Schwierigkeiten mit einem englischsprachigen Wikipedia-Artikel? Wähle bei den Sprachoptionen in der linken Seitenleiste «Simple English», und dir wird umgehend eine vereinfachte Version angezeigt.

- Du möchtest einen Drucker testen? Druck einfach die Google-Startseite aus. Sie enthält alle Farben, die du für einen vernünftigen Testausdruck benötigst und verbraucht nicht so viel Tinte.

- Leg Dir mindestens eine seriös klingende E-Mail-Adresse zu. Mit nichts macht man sich bei Lehrenden und potenziellen Arbeitgebern schneller lächerlich als mit dem Absender yoloswagvollbreit@digger.de.

- Füge beim E-Mail-Schreiben die Adresse der Empfängerin oder des Empfängers erst ganz am Schluss ein. So vermeidest du, versehentlich eine unfertige Nachricht zu versenden.

• Lernst du für eine wichtige Klausur? Dann gib den Suchbefehl «site:edu (Thema) Klausur» bei Google ein. So findest du jede Menge unterschiedlichster Prüfungsunterlagen – und mit etwas Glück ähneln die Aufgaben denen, die in deiner Klausur vorkommen.

10 Tipps, um wie ein Profi zu googeln

1 STERNCHEN
Dient als Platzhalter.
Beispiel: Angela Merkel ist seit * Jahren Bundeskanzlerin

2 SITE:
Sucht ausschließlich nach Ergebnissen auf einer bestimmten Website oder Domain.
Beispiel: site:1000lifehacks.com

3 .. (ZWEI PUNKTE)
Sucht nach Ergebnissen in einem bestimmten Zahlenbereich.
Beispiel: Erfolgreichste Filme zwischen 1980..1990

4 | (SENKRECHTER STRICH bzw. PIPE-SYMBOL)
Sucht nach Seiten, die einen | zwei | alle Suchbegriffe enthalten.
Beispiel: Bluse | Hemd | Tunika

5 OR (ODER)
Ermöglicht dank der gleichzeitigen Suche mit mehreren Synonymen ein genaueres Ergebnis.
Beispiel: Bildung OR Lernen (Bildung oder Lernen)

6 % OF (% VON)
Errechnet augenblicklich den Prozentwert jeder beliebigen Zahl.
Beispiel: 12 % of 75 (12 % von 75)

7 FILETYPE:
Sucht nach bestimmten Dateiformaten.
Beispiel: Menschenrechtserklärung filetype:pdf

8 – (BINDESTRICH)
Schließt ein bestimmtes Wort von der Suche aus.
Beispiel: Homer-Simpson

9 «» (ANFÜHRUNGSZEICHEN)
Sucht nach einem ganz bestimmten Wort, einer exakten Wortfolge oder einem wortwörtlich übereinstimmenden Zitat.
Beispiel: «I have a dream»

10 DEFINE:
Liefert sofort die Definition eines Begriffs bzw. sucht vorzugsweise nach entsprechenden Erläuterungen und Erklärungen.
Beispiel: define:ahnungslos

- Bevor du Post-its endgültig wegwirfst, kannst du damit deine Tastatur säubern. Fahr einfach mit dem Haftstreifen auf der Rückseite des Zettels zwischen den Tasten entlang: Staub, Krümel und was sich dort sonst noch so alles angesammelt hat, bleiben daran kleben.

- Wenn du etwas aus dem Internet kopierst, kannst du verhindern, dass es beim Einfügen in ein Textdokument neu formatiert wird. Drücke hierzu auf einem Windows-Rechner die Tastenkombination «Strg + Umschalt + V» («Ctrl + Shift + V») bzw. auf einem Mac die Tastenkombination «Befehl + Wahl + V» («Cmd + Option + V»).

- Lockere deine Präsentationen mit eigenen animierten GIF-Dateien auf, die du ganz einfach selbst aus YouTube-Videos erstellen kannst. Alles, was du tun musst, ist, die URL vor dem Wort «youtube» um das Kürzel «gif» zu ergänzen.

- Du kannst auf die «1», «2», «3» etc. drücken, um entsprechend 10 %, 20 %, 30 % weit in das YouTube-Video hineinzuspringen, das du dir gerade anschaust.

- Vergiss langsame Doppelklicks! Drück «F2» auf einem Windows-Rechner bzw. «Enter / Return» auf einem Mac, um eine Datei sofort umzubenennen.

1.

- Musst du für eine Hausarbeit oder ein Referat ein bestimmtes Datum einordnen? Eine Suche bei Wikipedia nach «(Monat) (Jahr)» liefert dir eine Übersicht über die weltweit wichtigsten Ereignisse dieses Monats.

- Sitzt du an einem Uni-Computer, bei dem Seiten wie YouTube gesperrt sind, kannst du sie dank des Inkognitomodus in Google Chrome trotzdem öffnen.

- Halte die «Alt-Taste» gedrückt, während du auf ein beliebiges Bild bei Google klickst, um es unmittelbar auf deinem Rechner zu speichern.

- Es gibt Apps und Webseiten, in deren Datenbanken du jede Menge Stipendien für jedermann sowie weitere hilfreiche Finanzierungstipps u. Ä. finden kannst, darunter www.e-fellows.net, www.mystipendium.de und www.stipendienlotse.de.

- Die Webseite www.Mathway.com sowie die dazugehörige App *Mathway* lösen alle möglichen Matheaufgaben und erklären sie Schritt für Schritt. Deutschsprachige Alternativen sind unter anderem www.MatheGuru.com oder die App *MassMatics*.

- Du kannst den Ton deines Laptops verstärken, indem du einen Plastikbecher der Länge nach entzweischneidest und die Hälften als Schalltrichter jeweils auf einem der Lautsprecher platzierst.

• Stell deinen Equalizer bei *iTunes* wie unten abgebildet ein, um den bestmöglichen Sound zu erhalten.

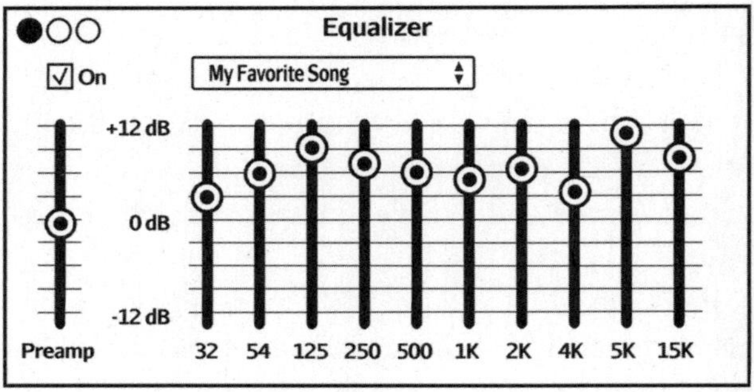

• Sitzt du in der Vorlesung, und der Akku deines Smartphones schwächelt? Die Blitzfunktion der Handykamera auszuschalten, kann die Akkulaufzeit deines Mobiltelefons verlängern - auch wenn du die Kamera eigentlich gar nicht benutzt.

• Musst du dringend eine Bilddatei bearbeiten? Auf SumoPaint.com findest du eine kostenlose Online-Alternative zu Photoshop.

• Willst du morgens früh aus dem Bett kommen, um es pünktlich an die Uni zu schaffen? Es gibt diverse Apps für dein Smartphone, die für jedes erneute Aktivieren der Snooze-Funktion einen festgelegten Geldbetrag an eine gemeinnützige Organisation spenden, darunter *#dreamon* und *WAKEorDONATE*.

- Benötigst du die Literaturangabe zu einem Zitat aus einem Buch? Mach dir nicht die Mühe, Seite für Seite danach zu suchen! Tipp das Zitat stattdessen bei Google Books ein, und es spuckt dir augenblicklich die richtige Seitenzahl aus.

- Hast du die Abgabefrist für eine Hausarbeit verschlafen, die du per E-Mail einreichen musst? Ändere das Datum auf deinem Rechner, bevor du sie an deine Dozentin bzw. an deinen Dozenten verschickst.

- Versehentlich einen Tab in deinem Browser geschlossen? Es gibt eine Tastenkombination, mit der du ihn wieder öffnen kannst: «Strg + Umschalt + T» («Ctrl + Shift + T») auf deinem Windows-Rechner bzw. «Befehl + Umschalt + T» («Cmd + Shift + T») auf deinem Mac.

- Möchtest du die Festplatte deines Windows-Rechners entrümpeln? Der Suchbefehl «search:gigantic» listet alle Dateien auf deinem Computer auf, die größer als 128 MB sind.

- Du kannst bei *Snapchat* längere Nachrichten verschicken, wenn du sie in das Mikro deines Smartphones sprichst, anstatt sie einzutippen.

- Die Lebensdauer deines Laptop-Akkus lässt sich erheblich verlängern, indem du ihn immer nur bis 80 % statt bis 100 % lädst.

• Hast du beim Schreiben deiner Hausarbeit unzählige Browser-Tabs offen? Klick einfach mit der rechten Maustaste darauf und wähle «Tab anheften» aus. Zack, fertig! Sehr viel übersichtlicher!

• Ein iPad-Ladegerät lädt dein iPhone sehr viel schneller auf.

• Musst du deine Hausarbeit dringend fertigstellen und benötigst dafür kurzfristig einen Internetzugang per WLAN? Neben diversen Apps gibt es auch viele Websites, die kostenlose Hotspots auflisten, darunter free-hotspot.com, Freie-Hotspots.de, Hotspot-Locations.de, wlanmap.com und YellowMap.de.

Mehr Speed für das WLAN im Studentenwohnheim oder in der WG

1 Schneide mit einem Cutter am oberen Rand einer Getränkedose vorsichtig den Deckel ab.

2 Schneide dann am unteren Rand der Dose entlang den Boden ab.

3 Schneide die entstandene Röhre längs auf.

4 Stell das Alu-Blech so auf, dass es die Antenne deines WLAN-Routers halbkreisförmig umgibt.

Beer
Beer
Beer
er

10 Websites, für die man als Student ein Lesezeichen anlegen sollte

1 www.RainyMood.com ist eine Webseite, deren Geräuschkulisse sich anhört wie prasselnder Regen. Extrem hilfreich, wenn man sich aufs Lernen konzentrieren oder eine Hausarbeit fertigbekommen muss.

2 www.corpora.uni-leipzig.de ist ein Wortschatzportal, das dir auf der Suche nach Synonymen hilft.

3 www.PrintWhatYouLike.com lässt dich auswählen, welche Inhalte einer Webseite du ausdruckst. So kommt ausschließlich das aus dem Drucker, was du brauchst – ohne Werbebanner, Navigationsleisten oder reihenweise nervige Kommentare.

4 www.iRuler.net stellt dir im Bedarfsfall ein maßstabsgetreues Online-Lineal zur Verfügung. Wenn du die Gegenstände an den Bildschirm hältst, kannst du damit die Länge ausmessen.

5 www.einfach-sparsam.de hat eine Suchfunktion, mit der du gezielt nach Rabattcoupons für die Artikel auf deiner Einkaufsliste suchen kannst.

6 Bücher kaufen war gestern! www.tauschgnom.de ist ein Onlineportal, über das du mit anderen vor allem Bücher kostenlos tauschen kannst.

1.

7 www.gastro.de verrät dir, welches Gericht du aus den Zutaten in deinem Kühlschrank zaubern kannst. Geh hierzu auf die Rezeptseite und zieh die einzelnen Zutaten aus der jeweiligen Liste in die virtuelle Pfanne.

8 www.spreeder.com ist eine Webseite, die dir beibringt, deine Lesegeschwindigkeit signifikant zu erhöhen, und zwar bei gleichbleibendem Textverständnis.

9 www.pizza.de bietet dir kostenlose Gutscheine an, mit denen du bei einer Vielzahl von Lieferdiensten vergünstigt Pizza, Pasta und anderes Essen zu dir nach Hause bestellen kannst.

10 www.surfly.com erlaubt es dir, kostenlos deinen Bildschirminhalt mit jemandem zu teilen. Nicht nur praktisch fürs gemeinsame Lernen, sondern auch für Filmabende mit Freunden, die woanders wohnen.

• Wärst du gern ein wandelndes Lexikon des unnützen Wissens, um bei *Wer wird Millionär?* mühelos mit einer Million Euro aus dem Fernsehstudio zu spazieren? Nutze den Link zur Wikipedia-Seite *Zufälliger Artikel* und leg sie als Startseite deines Browsers fest. So lernst du jedes Mal etwas Neues, wenn du eine Seite aufrufst.

- Schnelle Hilfe bei einer Matheaufgabe gefragt? Scanne sie einfach mit der Kamera deines Smartphones und die App *Photomath – Kamerarechner* löst sie für dich und zeigt dir außerdem noch Schritt für Schritt den Lösungsweg an.

- Du kannst deine Kopfhörer als Mikro benutzen, indem du sie einfach in den Mikrofonanschluss deines Laptops einstöpselst. Das ist praktisch, um beispielsweise Vorlesungen aufzunehmen.

- Um auf einem Mac Buchstaben mit einem Akzent einzugeben, musst du nur die entsprechende Taste gedrückt halten, bis sich ein kleines Pop-up-Menü öffnet, aus dem du dann die entsprechende Alternative per Klick auswählen kannst.

- Hast du das Passwort deines Windows-Rechners vergessen? Starte den Computer im abgesicherten Modus, indem du während des Hochfahrens die Taste F8 gedrückt hältst. Log dich dann als Administrator ein und ändere das Passwort.

- Hast du dein Android-Smartphone irgendwo im Studentenwohnheim oder in der WG verlegt, und es ist dummerweise auf «Lautlos» oder «Vibrieren» eingestellt? Du kannst es trotzdem fünf Minuten laut klingeln lassen, indem du dich in den *Android Geräte-Manager* einloggst und dort die Option «Gerät anrufen» auswählst.

• Verhindere, dass dein Smartphone-Aufladekabel am Stecker zu weit umknickt und letztlich gar bricht, indem du die Feder eines ausgedienten Kugelschreibers zur Stabilisierung drum herumwickelst.

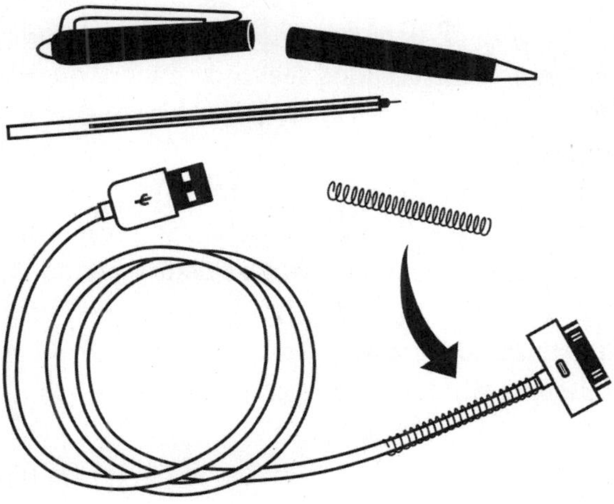

• Du möchtest die Größe eines Fotos für Instagram anpassen? Dreh dein Smartphone zur Seite und mach ein Bildschirmfoto. So bekommt das Foto die perfekte Größe, ohne dass die Qualität gelitten hätte.

• Beim Eingeben einer Zahl in den Taschenrechner deines iPhones vertippt? Durch ein Wischen nach links oder rechts kannst du die jeweils letzte Ziffer ganz einfach wieder löschen und musst nicht von vorne anfangen.

- *Microsoft Office* ist dir zu teuer? Wie wär's mit *OpenOffice*? Das ist nicht nur kostenlos, sondern hält auch etliche zusätzliche Funktionen bereit.

- Hast du dich über die Jahre bei unzähligen Webseiten angemeldet und möchtest die im Internet über dich verfügbare Datenflut wieder ein wenig eindämmen? Auf www.accountkiller.com findest du Hilfe, um deine Konten bei allen möglichen Diensten zu löschen.

Die Technik-Checkliste

- **Computer oder Laptop**
- **Tastatur (für den Computer)**
- **Maus**
- **Ethernet-Kabel**
- **Kopfhörer**
- **externe Lautsprecher**
- **Drucker**
- **Druckerpatronen und Ersatzpatronen**
- **Druckerpapier**
- **USB-Laufwerk**
- **HDMI-Kabel**
- **Mehrfachsteckdose**
- **Fernseher**
- **Smartphone-Ladekabel**

2. Vorlesungen und Seminare

- Richte auf deinem Laptop ein separates Benutzerkonto für Präsentationen ein. So vermeidest du, dass peinliche Bilder oder Ähnliches auf dem Bildschirm erscheinen, wenn du ihn anschaltest.

2.

- Wenn man seine Sorgen und Ängste vor einer Klausur oder Prüfung aufschreibt, wirkt sich das erwiesenermaßen positiv auf das Ergebnis aus.

- Nimmst du an einer Exkursion teil? Dann empfiehlt es sich, im Vorfeld ein Vitamin-B-Komplex-Präparat einzunehmen. Insekten mögen nämlich den Geruch nicht, den du dann verströmst. Das hält Moskitos, Bremsen und Stechfliegen fern.

- Bist du genervt davon, andauernd sämtliche Kommilitoninnen und Kommilitonen mit Kaugummi zu versorgen und selbst ohne dazustehen? Steck einfach zwei Packungen ein: eine volle und eine leere zum Vorzeigen.

- Sitzt du im Seminar oder in der Vorlesung und hast dich an Papier geschnitten? Reib ein wenig Lippenbalsam auf die Wunde, und der Schmerz legt sich im Handumdrehen.

- Hüte dich in den ersten Wochen an der Uni vor allen, die gleich beste Freunde werden wollen. Sie neigen häufig zu übertriebenen emotionalen Reaktionen: Drama, Baby!

• So benutzt du dein Mobiltelefon während der Vorlesung oder im Seminar, ohne dass es auffällt: Trage einen langärmeligen Pullover und lasse einen der Ärmel leer vor dir auf dem Pult liegen. Führe den entsprechenden Arm auf der Innenseite des Kleidungsstücks unter den Tisch, um dort Nachrichten einzutippen.

- Kommst du bei einer Hausarbeit oder einem Referat nicht mehr weiter? Versuch mal den Blick vom Bildschirm zu nehmen und mit der Hand zu schreiben. Das hilft der Kreativität nachweislich auf die Sprünge.

- Du möchtest gerne wissen, wie du am besten für eine Klausur oder eine Prüfung lernst? Frag die Lehrenden, wie sie sich darauf vorbereiten würden.

- Du kannst dein Schriftbild verbessern, indem du den Stift einfach lockerer hältst.

- Musst du ein wichtiges Referat halten? Bitte eine Kommilitonin oder einen Kommilitonen, dir eine vorher abgesprochene Frage zu stellen. So kannst du dir in aller Ruhe eine gute Antwort überlegen, und es wird im Seminar so aussehen, als ob du dich auf dem Gebiet wirklich gut auskennst.

- Kein Lineal zur Hand? Benutz stattdessen einfach einen Fünf-Euro-Schein. Er ist 12 cm lang und gut 6 cm breit.

- Erstellst du eine Präsentation mit Hilfe von PowerPoint, dann speichere sie als selbststartende «PowerPoint-Bildschirmpräsentation» (.ppsx) ab. So öffnet sie sich mit nur einem Doppelklick auf den Dokumentennamen sofort im Vollbild-Präsentationsmodus.

10 Wege, um Stress schlagartig zu reduzieren

1 Atme einige Male tief ein und aus. Das mag banal klingen, aber ein paar einfache Atemzüge können eine wichtige Rolle spielen, um deinen Körper mit neuer Energie zu versorgen – da kannst du jeden fragen, der Yoga macht.

2 Bitte lächeln! Fröhlich oder nicht, beim Lächeln werden Endorphine freigesetzt, die wie eine körpereigene Glücksdroge wirken.

3 Hör auf, in deinen Laptop zu starren. Es besteht erwiesenermaßen ein Zusammenhang zwischen ununterbrochener Computernutzung und dem Empfinden von Stress. Versuch, dich an die 20-20-20-Regel zu halten: Schau alle 20 Minuten gut 20 Sekunden lang auf etwas, das sich mindestens 20 Fuß – das heißt mehr als 6 Meter – entfernt befindet.

4 Riech an Lavendel, egal ob an einer Duftkerze oder der Pflanze selbst. Lavendel ist bekannt dafür, dass sein Geruch beruhigend, anregend und belebend wirkt.

5 Zieh dich für einen Moment an deinen *Happy Place* zurück. Die Augen zu schließen und dich im Geiste an einen ruhigen Ort zu versetzen, an dem du mit dir im Reinen bist, wie Adam Sandler in dem Film *Happy Gilmore*, kann Stress binnen Sekunden in nichts auflösen.

6 Iss eine Kleinigkeit. Stress ist ein Phänomen, von Gehirn und Immunsystem gleichermaßen geste ert wird. Dein Darm wiederum ist das größte Org innerhalb deines Immunsystems. Durch Essen sendest du das Signal an dein Gehirn, sich zu beruhigen.

7 Probier einen Finger-Trick aus dem Naam-Yoga aus. Übe Druck auf die Stelle zwischen deinem zweiten und dritten Fingergrundgelenk aus (am Übergang zwischen Zeige- und Mittelfinger). Dies kann zu einer umgehenden Entspannung beitragen.

8 Geh auf DoNothingFor2Minutes.com. Diese Webseite lädt dich dazu ein, einen Sonnenuntergang am Meer zu betrachten, während sanftes Meeresrauschen zu hören ist – und zwar ohne die Tastatur oder die Maus ein einziges Mal zu berühren.

9 Reck und streck dich. Steh auf und mach ein paar Dehnübungen für Arme, Nacken und Oberkörper, um deinen Kreislauf in Schwung zu bringen. Eine gute Durchblutung trägt entscheidend zum körperlichen Wohlbefinden bei. Was glaubst du, warum Katzen und Hunde das den ganzen Tag tun?

10 Guck dir ein lustiges Video an. Wenn du lachst, erhöhst du die Sauerstoffzufuhr deines Körpers, stimulierst dein Herz und erhöhst die Endorphinausschüttung im Gehirn.

- Du kannst dich eher an etwas erinnern, das du in Blau aufgeschrieben hast, als an etwas, das du in Schwarz aufgeschrieben hast.

- Bist du auf dem Weg zum Hörsaal in Kaugummi getreten? Schau mal beim Hausmeister vorbei und sprüh etwas WD-40 drauf. Schon geht es ohne Probleme ab!

- Wenn du morgens ausreichend trinkst, kommst du besser gelaunt, scharfsinniger und energiegeladener durch den Tag.

- Musst du dringend etwas erledigen und möchtest dabei nicht gestört werden, dann trag einfach Kopfhörer, auch wenn du gar keine Musik hörst.

- Bist du zu spät dran fürs Seminar und brauchst eine glaubwürdige Ausrede? Lass ein peinliches Detail über dich selbst einfließen. Niemand wird eine Geschichte anzweifeln, die dich so richtig doof aussehen lässt.

- Ein kurzes Nickerchen kann helfen, gerade Erlerntes besser zu behalten. Pass nur auf, dass deine Profs dich nicht dabei erwischen!

- Wenn du einen Text korrigierst, lies ihn dir selbst laut vor. Dein Mund wird über Fehler stolpern, die dein Gehirn womöglich übersehen würde.

2.

- Stelle der Dozentin oder dem Dozenten kurz vor Schluss keine Frage mehr. Alle anderen haben sich schließlich schon darauf eingestellt, zu gehen. Warte einfach bis zum offiziellen Ende des Seminars und gehe dann zu ihr oder zu ihm.

- Einfacher Trick gegen den Stifte-Klau: Tausche bei einem roten Stift die Mine gegen eine blaue aus. Stifte, die rot schreiben, sind nicht so beliebt.

- Will dir ein Wort partout nicht einfallen, dann balle die Faust. Das erhöht die Gehirnaktivität und regt das Gedächtnis an, sodass es dir leichter fällt, dich zu erinnern.

- Möchtest du ein Wort so durchstreichen, dass man es ganz sicher nicht mehr entziffern kann? Dann kritzle nicht einfach hin und her, sondern überschreibe es mit irgendwelchen anderen Wörtern oder wahllosen Buchstabenfolgen.

- Musst du mitten in der Klausur dringend zur Toilette? Denk an Sex, und der Harndrang wird vorübergehend nachlassen, und du gewinnst Zeit, um die Klausur doch noch zu beenden.

- Es empfiehlt sich, Klausuren und Prüfungen mit eher leerem Magen anzutreten, weil man sich dann besser konzentrieren kann.

Der Uni-Knigge – die 10 wichtigsten Benimmregeln, um bei deinen Lehrenden einen guten Eindruck zu hinterlassen

1 Sei immer pünktlich zum Veranstaltungsbeginn da.

2 Bleib immer bis zum Ende der Vorlesung oder der Seminarsitzung. Lehrende bemerken sehr wohl, wer sich (regelmäßig) schon vorher verabschiedet.

3 Stell dein Mobiltelefon aus oder schalt es wenigstens stumm, wenn es gar nicht anders geht.

4 Verschicke während der Vorlesung oder im Seminar keine Textnachrichten und beantworte erst recht keine Telefonanrufe.

5 Bitte im Vorfeld um Erlaubnis, falls du Vorlesungen, Vorträge oder Seminarsitzungen aufzeichnen möchtest. Manche Lehrende sehen das nicht gerne und erlauben es nicht.

6 Zeit zu sparen, indem du in der Vorlesung oder im Seminar isst, ist keine gute Idee. Die allermeisten Lehrenden tolerieren weder Essen noch Trinken in ihren Veranstaltungen, abgesehen von Wasser vielleicht.

7 Beteilige dich – in angemessener Art und Weise – an Diskussionen.

8 Rede nicht mit deinen Sitznachbarn, während die Dozentin oder der Dozent einen Vortrag hält.

9 Achte darauf, die Lehrenden korrekt anzusprechen. Manche reagieren durchaus empfindlich, wenn man ihren Titel, also «Dr.» oder «Prof.», bei der Anrede nicht berücksichtigt.

10 Fang nicht an, schon mal deine Sachen zusammenzupacken, bevor die Vorlesung oder das Seminar zu Ende ist. Schenk den Lehrenden stattdessen deine volle Aufmerksamkeit – und zwar bis zur letzten Minute.

2.

- Knurrt dein Magen mitten in der Vorlesung oder während des Seminars, dann vermeide es, die Muskeln anzuspannen. Streck deinen Bauch stattdessen raus wie einen Bierbauch, und das Geräusch verstummt.

- Versuch Spaß daran zu haben, etwas Neues zu lernen. So wird die Vorlesung oder das Seminar interessant, egal wie langweilig oder anstrengend dein Tag ist

- Um einen Prozentwert zu ermitteln (z. B. 40 % von 300), kannst du die letzte Ziffer der entsprechenden Zahl streichen und mit einem Zehntel des Prozentsatzes multiplizieren, in diesem Fall: 4 × 30 = 120.

- Du erinnerst dich leichter an deine Mitschriften, wenn du dafür eine ungewöhnliche Schrift verwendest. Studien belegen, dass die Einzigartigkeit der Schriftart die Chance erhöht, sich das Geschriebene zu merken.

- Ist eine Webseite in deinem Uni-Netzwerk blockiert, kannst du diese Sperre mit Hilfe des Onlinedienstes *Google Übersetzer* umgehen. Gib die fragliche URL einfach per Copy-and-Paste dort ein.

- Arbeite deine Mitschriften innerhalb eines Tages aufmerksam durch. So behältst du den Inhalt bis zu 60 % besser.

- Schnelle Umrechnung von kg in lbs: Zuerst die kg verdoppeln; dann das Ergebnis durch 10 teilen; und schließlich beide Zahlen addieren. Zum Beispiel: 100 kg = 200 + 20 = 220 lbs.

- Wenn die Batterien deines Taschenrechners mitten in der Klausur drohen, den Geist aufzugeben, dann reibe die Minuspole aneinander, um ihre Lebensdauer um bis zu 15 Minuten zu verlängern.

- *SelfControl* ist ein Programm, das Seiten und Dienste wie Facebook und Twitter sowie E-Mail-Clients für eine bestimmte Zeit blockiert. Es hilft dir, dich im Seminar oder in der Vorlesung so wenig wie möglich abzulenken.

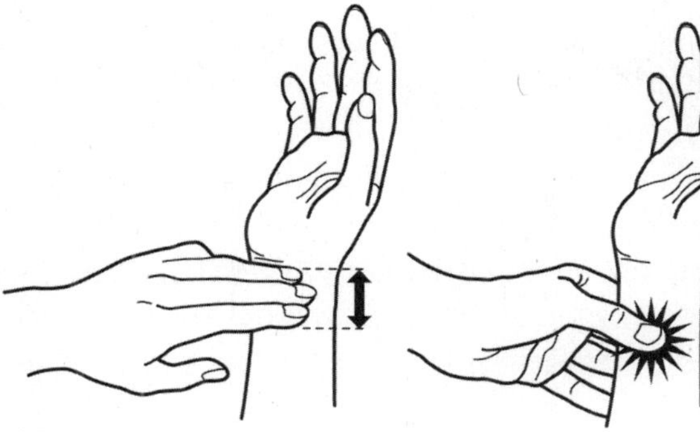

• Überfällt dich im Seminar oder in der Vorlesung urplötzlich große Nervosität und innere Unruhe, kannst du schnell wieder gelassen werden, indem du einen bestimmten Akupressurpunkt massierst. Du findest ihn auf der Innenseite deines Arms etwa drei Finger breit vom Handgelenk entfernt. Übe mit deinem Daumen sanften Druck auf diese Stelle aus.

• Hast du deine Kleidung versehentlich mit Tinte verschmutzt, dann sprüh den Fleck schnellstmöglich großzügig mit Haarspray ein, und er lässt sich mühelos entfernen.

• Indem du deine Apple-Kopfhörer magnetisch am oberen Bildschirmrand deines MacBooks befestigst, verhinderst du, dass sie sich verheddern, wenn du sie nicht benutzt.

- Bist du vor einer Klausur oder einem Referat nervös, dann kaue Kaugummi. Damit signalisierst du deinem Gehirn, dass du nicht in Gefahr bist - sonst würdest du ja nichts essen.

- Hast du den Namen einer Kommilitonin oder eines Kommilitonen vergessen, frage einfach: «Entschuldige, wie heißt du noch mal?» Vielleicht reagieren sie leicht pikiert, aber wenn sie dir ihren Vornamen nennen, antwortest du: «Nee, ich meinte natürlich deinen Nachnamen!»

- Benutze bei der Recherche für Hausarbeiten und Referate nicht länger google.de, sondern die Suchmaschine scholar.google.de. Hier findest du auf Anhieb sehr viel mehr relevante wissenschaftliche Dokumente.

- Machst du in Vorlesungen und Seminaren mit einem roten Stift auf gelbem Papier Notizen, kannst du dir den Inhalt deiner Mitschriften besser merken.

- Wenn du mitten in der Vorlesung oder im Seminar plötzlich Kopfschmerzen bekommst, kannst du versuchen, sie mit Hilfe eines Stifts wieder loszuwerden. Klemm ihn dazu locker zwischen die Zähne, aber ohne fest zuzubeißen. So lässt du locker und entspannst unwillkürlich verkrampfte Muskeln im Gesicht und Nacken, was wiederum die Kopfschmerzen lindert.

Die Checkliste für Vorlesung und Seminar

- Taschenrechner
- Stifte
- Ersatzstifte
- Tipp-Ex und Radierer
- Post-it-Klebezettel
- Karteikarten
- Notizblock
- Taschentücher
- Lehrbücher bzw. Arbeitsunterlagen
- Aspirin oder Paracetamol
- Textmarker
- voll aufgeladenes Laptop
- Ladegerät
- Wasser
- Rucksack, um alles zu verstauen

3. Überleben in Wohnheim und WG

3.

• Der Umzug in die WG oder das Studentenwohnheim steht an, und du brauchst Umzugskartons? Frag im Supermarkt nach ausrangierten Bananenkisten oder ähnlichen Transportbehältern. Davon haben sie dort etliche. Diese Kartons sind sehr stabil und können jede Menge Gewicht aushalten.

• Es gibt einen ganz einfachen Weg, um mit deinen neuen Mitbewohnerinnen und Mitbewohnern schnell und unkompliziert warmzuwerden: Lass einfach immer die Tür zu deinem Zimmer offen stehen, wenn du da bist.

• Leg deinen Mülleimer mit einer Lage Zeitungspapier aus. Es saugt überschüssige Feuchtigkeit von Obst- und Gemüseschalen, Teebeuteln, Kaffeefiltern etc. auf und macht die Abfallentsorgung einfacher und sauberer.

• Ist dein Duschkopf verkalkt? Fülle weißen Essig, verdünnt mit etwas Wasser oder Essigessenz, in einen Plastikbeutel und befestige diesen mit einem Gummiband sicher am Duschkopf. Lass den Essig einwirken und spüle den Duschkopf dann gründlich ab. Et voilà – nun sollte er wieder aussehen wie neu.

• Lege Dinge an die Stelle zurück, an der du als Erstes nach ihnen gesucht hast, nicht dorthin, wo du sie (nach langem Suchen) gefunden hast.

- Ameisen in der Wohnung? Vergiss all die Chemiekeulen, die man im Drogerie- oder Baumarkt findet. Alles, was du brauchst, ist eine Sprühflasche. Fülle sie mit Kampfer und Alkohol im Verhältnis 1:10 und besprühe die Ameisen damit, um sie loszuwerden. Als praktischen Nebeneffekt gibt es einen angenehmen Raumduft.

- Hast du die Nase voll von müffelnden Brotdosen, Lunchboxen und Frischhaltedosen? Leg über Nacht zerknülltes Zeitungspapier hinein, und am nächsten Morgen wird der üble Geruch verflogen sein.

- Stell die Temperatur in deinem Zimmer nachts auf einen Wert zwischen 16 °C und 18 °C ein. Dies gilt als die optimale Raumtemperatur für einen erholsamen Schlaf.

- Riecht dein Zimmer unangenehm? Backpulver oder Natron neutralisieren schlechte Gerüche. In einem Glas mit ein paar Tropfen ätherischem Öl beträufelt, gut durchgeschüttelt und mit einem Stück Stoff abgedeckt, wird daraus im Handumdrehen ein kostengünstiger Raumduft.

- Ist es Zeit, deine elektronischen Geräte mal wieder zu putzen? Benutze einen Kaffeefilter dafür. Das klappt ganz hervorragend und zerkratzt die Bildschirme nicht.

- Ist dir versehentlich Nagellack auf den Fußboden getropft? Streu Zucker darauf. Dadurch verklumpt er, und du kannst ihn einfach wegwischen.

- Kleiderbügel geben perfekte Küchenrollenhalter ab. Säge hierzu die Stange in der Mitte durch und schiebe die Küchenrolle darauf. Jetzt kannst du sie überall aufhängen, beispielweise an den Türgriffen deiner Küchenschränke.

- Versuch deine Mitbewohnerinnen und Mitbewohner zum Mikrowellen-Wettkampf zu überreden: Das Ziel besteht darin, möglichst viel in der Küche aufzuräumen und zu putzen, während ihr euch etwas in der Mikrowelle warm macht.

- Wenn du Ohrringe oder andere winzige Dinge suchst, stülpe eine Socke über das Staubsaugerrohr und schalte ihn an. So verfangen sie sich in der Socke.

- Wenn dich das Heimweh überfällt, dann denk an dein Lieblingsessen, Trostessen, Futter für die Seele – und mal ein Bild davon. Ganz im Ernst! Eine Studie hat gezeigt, dass sich die Stimmung bei Menschen, die Bilder von Pizza und Cupcakes malten, um 28 % verbesserte.

- Fruchtfliegen-Alarm? Gib etwas Honig oder ein Stückchen Obst in eine Tasse und verschließ sie mit Frischhaltefolie. Pieks nun ein paar kleine Löcher hinein und sieh dabei zu, wie sich dein Problem von selbst erledigt.

- Rührst du vor dem Streichen ein bis zwei Esslöffel Vanillearoma in einen 10-Liter-Eimer Wandfarbe, riecht dein Zimmer anschließend nicht nach Farbe, sondern nach Keksen – und der Farbe schadet es nicht.

- Bewahr nach dem Streichen etwas von der Farbe in einem kleinen Marmeladenglas auf, falls du mal eine Stelle ausbessern möchtest.

- Klingelt der Smartphone-Wecker deiner Mitbewohnerin oder deines Mitbewohners ununterbrochen vor sich hin? Ruf das Telefon an, und es hört (endlich) auf.

- Riecht es in deinem Zimmer unangenehm? Verteil ein paar trockene Teebeutel im Raum.

- Kein sauberer Kopfkissenbezug mehr im Schrank? Nimm stattdessen ein T-Shirt.

- Kleb je einen Streifen Klettband auf die Unterseite deiner Fernbedienung und seitlich an deinen Couchtisch. So musst du nie wieder deine Fernbedienung suchen!

- Selbstgemachtes Raumspray: Misch 2 Teelöffel Backpulver oder Natron mit 2 bis 3 Esslöffeln Weichspüler und warmem Wasser. Füll die Flüssigkeit dann in eine Sprühflasche mit Pumpzerstäuber – und fertig zum Lossprühen!

- Studien haben gezeigt, dass Schlafmangel einen begriffsstutzig, reizbar, fahrig, unzufrieden und zu allem Überfluss auch noch dick macht. Alles, was du während deiner Zeit an der Uni ganz sicher nicht sein willst.

10 ungewöhnliche Dinge, die in deine Hausapotheke gehören

1 Honig

Ein Teelöffel Honig lindert nicht nur Halsschmerzen, sondern hilft auch gegen Kater.

2 Meerrettich

Verrühre einen Teelöffel geriebenen Meerrettich mit einem Viertelliter Olivenöl. Nachdem die Mischung 30 Minuten gezogen ist, kannst du sie als Massageöl gegen Gliederschmerzen bei Erkältungen verwenden.

3 Ein isotonisches Getränk deiner Wahl

Zwei Gläser eines isotonischen Getränks können Kopfschmerzen fast umgehend verschwinden lassen.

4 Zahncreme

Etwas Zahncreme gibt eine hervorragende Brandsalbe ab.

5 Fisherman's Friend

Die Halspastillen verleihen dir nicht nur einen frischen Atem vor deinem nächsten Date, sondern helfen auch sehr gut gegen eine verstopfte Nase.

6 **Holzleim**
Träufle einen Tropfen Holzleim auf einen Splitter in deiner Haut. Nach dem Trocknen kannst du den Leim ganz einfach wieder ab- und mit ihm den Splitter aus deiner Haut herausziehen.

7 **Weißer Essig**
Tränke ein Wattepad mit weißem Essig und lege ihn etwa eine Stunde lang auf einen Bluterguss. Das lässt den blauen Fleck verblassen und beschleunigt den Heilungsprozess.

8 **Haferflocken**
Verrühr zwei Tassen Haferflocken mit einer Tasse Wasser. Erhitze die Mischung für 1 Minute in der Mikrowelle, lass sie ein wenig abkühlen und trage sie dann dort auf, wo dich Muskelschmerzen und Arthritis plagen.

9 **Mundwasser**
Betupfe deine Fußnägel regelmäßig mit Mundwasser, um Nagelpilz loszuwerden.

10 **Pfefferminzöl**
Spinnen hassen Pfefferminzöl. Fülle etwas in eine Spritzflasche, benetze damit die Stellen, an denen du Spinnen gesehen hast – und schau ihnen bei ihrer hastigen Flucht zu.

- Benutzt du dein Mobiltelefon als Wecker? Stell es in ein Glas. Das verstärkt den Klang und macht es schwieriger, den Weckton zu überhören und einfach weiterzuschlafen.

- Kannst du nicht einschlafen? Versuch eine Minute lang so schnell zu blinzeln, wie du nur kannst. Mit müden Augen schläft man schneller ein.

- Mikrowellen-Reinigung leicht gemacht: Füll eine Tasse mit Wasser und gib einen Schuss Essig hinzu. Stell die Tasse dann in die Mikrowelle und schalte sie für drei bis fünf Minuten ein. Nach Ablauf der Zeit – und vorsichtigem Entfernen der Tasse – sollte es ein Leichtes sein, den Schmutz mit einem weichen Tuch wegzuwischen.

- Ein bisschen Weihnachtsstimmung gefällig? Gib ein paar Zimtstangen, vier Orangenhälften, eine Tasse Cranberrys und zwei Rosmarinzweige in einen großen Topf. Füll das Ganze mit ausreichend Wasser auf und lass es den ganzen Tag (unter Aufsicht) köcheln – schon zieht ein weihnachtlicher Duft durch die ganze Wohnung.

- Kannst du mal wieder irgendetwas partout nicht finden? Dann suche deine Umgebung mit den Augen von rechts nach links ab. So nimmst du mehr Einzelheiten wahr, weil dein Gehirn diese Leserichtung nicht gewohnt ist.

- Um Wasserränder auf deinen Möbeln verschwinden zu lassen, solltest du einen Klecks Mayonnaise darauf verteilen und rund 15 Minuten einwirken lassen. Danach mit einem weichen Tuch wegwischen und kurz drüberpolieren. Hört sich verrückt an, aber es klappt wirklich!

- Dein Fön trocknet nicht nur Haare, sondern ist auch eine schlagkräftige Geheimwaffe gegen beschlagene Badezimmerspiegel.

- Ist ein Filmabend angesagt? Zieh deinen Kapuzenpulli verkehrt herum an und benutze die Kapuze als deine ganz persönliche Popcorn- oder Chips-Schüssel.

- Möchtest du dich unbemerkt aus deinem Zimmer schleichen? Bei den allermeisten Türen hilft es, sie beim Öffnen anzuheben, um zu verhindern, dass sie quietschen oder knarren und jeden damit aufwecken.

- Möchtest du etwas reparieren, aber weißt nicht, wie? Auf de.ifixit.com findest du Reparaturanleitungen für fast alles.

- Dringender Ratschlag: Besorgt euch in der WG einen Pümpel, *bevor* ihr ihn braucht. Was das ist? Eine Saugglocke zur Reinigung verstopfter Abflüsse.

- Wenn du einige Kreidestücke in einem kleinen Stoffbeutel in deinen Schrank legst, binden sie Feuchtigkeit und sorgen dafür, dass deine Kleidung frisch und trocken bleibt.

- Es ist Hochsommer, und du schwitzt in deinem Zimmer vor dich hin? Stell eine 2-Liter-Flasche mit gefrorenem Wasser vor einen Ventilator, und ruck, zuck hast du deine höchstpersönliche Klimaanlage.

- Willst du deine Mitbewohner zusammentrommeln? Möglichst schnell und wirklich alle? Stell den WLAN-Router aus und warte dort, wo er steht. Es sollte nicht allzu lange dauern, bis alle versammelt sind.

- Vertreibe hartnäckigen Mief und üble Gerüche, indem du ein Trocknertuch vor einen Ventilator hängst.

- Kleine Kratzer in Holzoberflächen kannst du mit einer Mischung aus einer halben Tasse Öl und einer halben Tasse Essig wegpolieren.

- Pack für deinen Umzug schwere Sachen wie zum Beispiel Bücher in einen Rollkoffer. Kisten und Kartons sind weniger gut zu tragen, und zudem neigen sie dazu, bei hohem Gewicht auseinanderzureißen.

- Möchtest bzw. musst du Möbel selbst zusammenbauen, dann benutze eine Eiswürfelform oder ein Muffin-Backblech, um Schrauben, Nägel, Klammern und andere Kleinteile vorzusortieren. So hast du sie während des Aufbaus übersichtlich zur Hand.

- Befestige einen Streifen Magnetklebeband an deiner Wand, damit du nie wieder nach Haarklammern, Pinzetten oder Nagelknipsern suchen musst.

- Ist dein Zimmer zu heiß und stickig? Häng ein feuchtes Handtuch vors offene Fenster, dann kühlt es in Minutenschnelle ab.

Die Wohnheim- und WG-Checkliste

- Bettwäsche und Bettlaken
- Kopfkissen
- Matratzenauflage
- Matratzenschoner
- Mini-Kühlschrank
- Wecker
- Stehlampe und Schreibtischlampe
- Kalender
- beschreibbare Magnettafel und / oder Pinnwand
- Büroklammern
- Hefter und Heftklammern
- iPod-Dock
- Papierkorb
- Kondome
- Teppich
- Wanddeko

Dinge, die Mama ab jetzt nicht mehr für dich erledigt

4.

- Mach ein Foto vom Innenleben deines Kühlschranks, bevor du einkaufen gehst – und du wirst nie wieder etwas im Laden vergessen!

- Klemmt der Reißverschluss? Reibe mit einem Bleistift über die hakende Stelle, öffne und schließe ihn danach ein paar Mal vorsichtig, und er funktioniert wieder einwandfrei.

- Ist Mama nicht da, um dir einen Splitter aus dem Finger zu ziehen? Rühr aus Backpulver und Wasser eine Paste an, trag sie auf die betroffene Stelle auf und warte, dass der Splitter ganz von selbst herausgedrückt wird.

- Wenn du mit Halsschmerzen aufwachst, dann rühr 2 Esslöffel Honig, 2 Esslöffel Essig, 2 Esslöffel Zitronensaft und eine Prise Zimt in ein großes Glas Wasser. Trink es aus, und es geht dir innerhalb nur einer Stunde besser. Klappt wirklich jedes einzelne Mal!

- Musst du in die Vorlesung oder das Seminar, aber alle deine Klamotten sind (noch) nass? Leg sie zusammen mit einem großen trockenen Badehandtuch in den Trockner, es zieht noch schneller die Feuchtigkeit aus den Sachen.

6 Tipps zur Vorbeugung chronischer Kopfschmerzen

1 **Gönn dir ausreichend Schlaf.**

2 **Reduziere Stress.**

3 **Probier die Achtsamkeitsbasierte Kognitive Therapie (Mindfulness-Based Cognitive Therapy, MBCT) aus.**

4 **Lass das Kaugummikauen sein.**

5 **Verbessere deine Körperhaltung.**

6 **Versuch es mit Akupunktur.**

• Ist dein Kissen platt? Leg es für 30 Minuten in die Sonne. Sie trocknet überschüssige Feuchtigkeit, sodass es sich wieder aufplustert.

• Anleitung zum perfekten T-Shirt-Falten: Klappe das untere Viertel nach oben. Falte nun die linke Seite kurz hinter der Schulternaht zur Mitte, dann wiederhole diesen Schritt mit der rechten Seite. Lege den rechten Ärmel nach innen, sodass er nicht rausguckt. Schlage nun die untere Hälfte des T-Shirts nach oben.

Wenn du es jetzt noch umdrehst, sieht man von vorne nur die ordentliche Vorderseite.

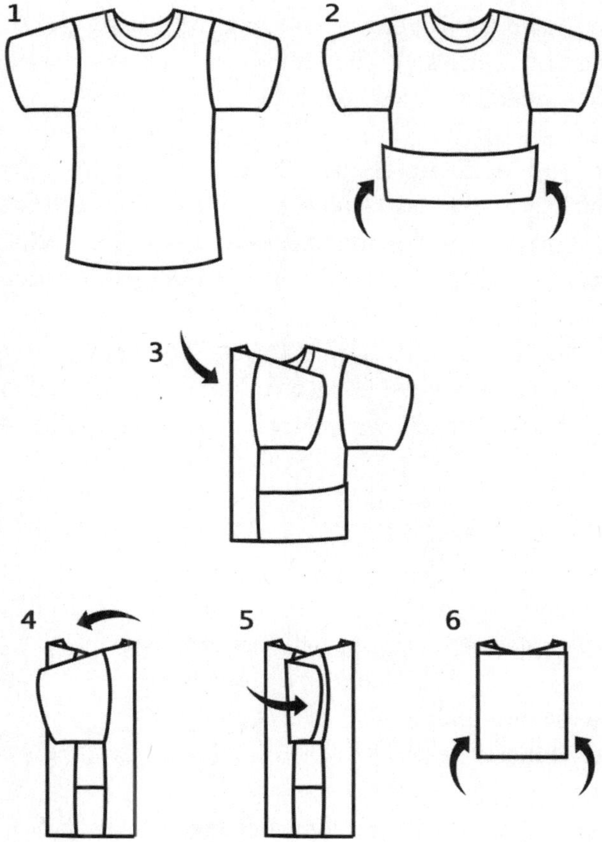

- Hast du was im Auge? Dann zieh dein Augenlid an den Wimpern nach unten und blinzle ein paar Mal ganz schnell.

- Eine andere Möglichkeit: Fülle Wasser in eine Schüssel, die groß genug für deinen Kopf ist. Tauch mit dem Gesicht ein und mach unter Wasser die Augen auf. Dabei sollte der Fremdkörper ganz von selbst ausgeschwemmt werden.

- Leidest du unter nächtlichem Husten, der dich nicht schlafen lässt? Reibe deine Füße mit Erkältungsbalsam ein und zieh anschließend ein Paar Socken an. Der Husten legt sich innerhalb weniger Minuten.

- Fühlst du dich krank? Sowohl bei Kopfschmerzen als auch bei Übelkeit kann eine Handvoll Mandeln ähnlich wirken wie eine Aspirintablette.

FLECKENMITTEL

Essiglösung
1 Teil weißer Essig auf 2 Teile kaltes Wasser

Waschmittellösung
10 Milliliter Waschmittel pro ½ Liter kaltes Wasser

Salmiakgeist bzw. Ammoniaklösung
5 % Ammoniak und 95 % kaltes Wasser

10 verschiedene Flecken und wie du sie am besten entfernst

1 BIER

Mit einem in Essiglösung getränkten Schwamm herausreiben.

2 FETT

Abwechselnd mit Waschbenzin und Waschmittellösung bearbeiten, bis der Fleck weg ist.

4.

3 TINTE

Zunächst mit kaltem Wasser auswaschen und überschüssige Tinte mit einem Tuch aufsaugen, dann einen Schwamm mit Essiglösung tränken und herausreiben.

4 SCHLAMM

Trocknen lassen und rausbürsten, anschließend mit kaltem Wasser klarspülen.

5 FARBE

Mit einem in Terpentin getränkten Schwamm betupfen, bis der Fleck weg ist. Danach mit kaltem Wasser klarspülen.

6 WEIN

Zunächst mit Waschmittellösung und anschließend mit Essiglösung betupfen und vorsichtig herausreiben.

7 ERBROCHENES
Erst mit Kaffeepulver bestreuen, um den Geruch zu neutralisieren, und dann durchtrocknen lassen, sodass man alles aufkehren kann. Verbleibende Flecken mit einer Lösung aus 3 Esslöffeln Salz pro Liter kaltem Wasser wegwischen.

8 KAFFEE
Zunächst leicht mit Waschbenzin betupfen und anschließend mit ein wenig warmem Wasser vorsichtig herausreiben.

9 BLUT
Erst mit Salmiakgeist und anschließend mit Waschmittellösung betupfen bzw. herausreiben.

10 FRUCHTSAFT ODER FRUCHTSIRUP
Hier musst du richtig schnell sein! Erst mit Waschmittellösung, dann mit Salmiakgeist und zu guter Letzt mit Essiglösung betupfen bzw. vorsichtig herausreiben.

- Klebt Kaugummi an deiner Kleidung? Koch Essig auf und gieß ihn über den Fleck. Anschließend kannst du das Kaugummi ganz einfach herausbürsten.

- Ist etwas kaputtgegangen und du möchtest es reparieren, weißt aber nicht, wie? Auf reparatur-initiativen.de kannst du nach sogenannten Repair-

Cafés oder Reparatur-Clubs in deiner Nähe suchen. In diesen temporären Selbsthilfewerkstätten findest du bestimmt jemanden, der dir unter die Arme greift.

- Nagellackentferner ist eine echte Geheimwaffe, um Flecken und Schrammen an Schuhen verschwinden zu lassen. Entsprechende Stellen mit Nagellackentferner bearbeiten – und aus Alt mach Neu! Bei Lederschuhen den Nagellackentferner auf abgenutzte Stellen tupfen, mit Seifenlauge behutsam abwaschen, gut trocknen lassen und anschließend wie gewohnt Lederpflege auftragen – fertig!

- Es kursieren unzählige Tipps und Tricks, um Schluckauf wieder loszuwerden. Neueste Studien zeigen jedoch, dass die CO_2-Konzentration in deinem Blut der ausschlaggebende Faktor ist. Versuche also für rund 30 Sekunden in eine Papier- oder Plastiktüte zu atmen – und schon solltest du deine Ruhe haben.

- Ist Mama nicht da, um dein Nasenbluten zu stoppen? Roll ein Papiertaschentuch zusammen und press es oberhalb der Schneidezähne fest gegen das Zahnfleisch. Aus diesem Stützgewebe kommt das meiste Blut.

- Hast du Halsschmerzen? Dann verrühre 1 Päckchen Götterspeisenpulver mit 1 Teelöffel Honig und erhitze es. Die Gelatine wird sich schmerzlindernd über die gereizte Schleimhaut legen.

Was die ominösen Textilpflegesymbole in deiner Kleidung zu bedeuten haben:

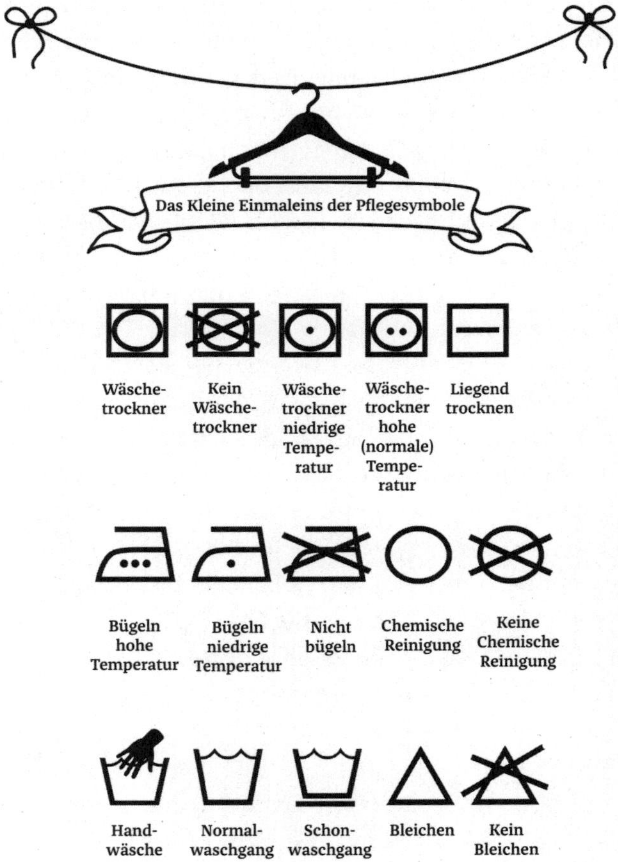

- Ist der WC-Reiniger alle? Wirf ein paar Alka-Seltzer-Brausetabletten oder Zahnspangenreiniger-Tabs ins Wasser – und freu dich 10 Minuten später über deine glänzend saubere Toilettenschüssel.

- Stell eine kleine Tasse Wasser mit in die Mikrowelle, wenn du dir eine Pizza warm machst, dann wird der Rand nicht so weich und pappig.

- Ist Mama nicht da, um dich aus dem Bett zu werfen, damit du pünktlich zur Uni kommst? Stell bei dem Wecker auf deinem Mobiltelefon deinen aktuellen Klingelton ein. So erhöhst du die Wahrscheinlichkeit, dass du auch wirklich davon wach wirst.

- Klamotten eingelaufen? Löse reichlich Haarspülung in lauwarmem Wasser auf und weich deine Kleidung rund 30 Minuten lang darin ein. Wring sie anschließend aus, zieh sie (vorsichtig) in Form und lass sie an der Luft trocknen.

- Ist dir schlecht? Riech an Reinigungsalkohol (zum Beispiel Isopropanol), und die Übelkeit verfliegt im Nu.

- Keine Trocknertücher zur Hand? Gib zwei mit Alufolie umwickelte Tennisbälle mit in die Trommel, und du musst dir keine Gedanken mehr um elektrostatische Aufladung machen.

10 Wege, um morgens besser aus dem Bett zu kommen

1 Überleg dir vor dem Zubettgehen ein tolles Frühstück oder bereite es sogar schon vor.

2 Platziere deinen Wecker am anderen Ende des Raumes, sodass du gezwungen bist, aufzustehen, um ihn auszuschalten.

3 Trink vor dem Zubettgehen ein Glas Wasser.

4 Stell dein Mobiltelefon auf Flugmodus, damit du nicht gestört wirst und nicht in die Versuchung kommst, immer mal wieder einen Blick daraufzuwerfen.

5 Schlafe ausreichend und rechne auch die Zeit mit ein, die du brauchst, um einzuschlafen und wieder wach zu werden. Auf schlafrechner.de kannst du dir unter Berücksichtigung von Alter, Geschlecht und Aufstehzeit ausrechnen lassen, um wie viel Uhr du optimalerweise zu Bett gehst.

6 Schlaf nach Möglichkeit in völliger Dunkelheit. Denn nur im Dunkeln produziert unser Körper das sogenannte Schlafhormon Melatonin, was letztlich für einen tiefen und erholsamen Schlaf sorgt.

7 Lies etwas vor dem Schlafen. Davon werden deine Augen müde, woraufhin dein Gehirn glaubt, du wärst insgesamt müde. Und dadurch wiederum kannst du besser einschlafen.

8 Achte darauf, dass deine Bettdecke dich warm hält. Die ideale Raumtemperatur zum Schlafen liegt bei 16 °C bis 18 °C.

9 Plane etwas Lustiges oder Aufregendes für den nächsten Morgen, dann stehst du garantiert ohne Schwierigkeiten auf.

10 Mach vor dem Schlafengehen ein paar Dehnübungen, um deine Muskeln zu entspannen. Das macht es einfacher, eine gemütliche Schlafposition zu finden, und sorgt für eine erholsame Nachtruhe.

4.

- Hat jemand ein Bier- oder Weinglas fallen lassen? Hebe die größten Scherben vorsichtig auf und bedecke dann den Rest mit einer Scheibe Toastbrot. Drücke sie behutsam an, um auch die kleinsten Splitter aufzusammeln. (Entsorge den Toast anschließend sofort, um gefährliche Verwechslungen zu vermeiden!)

- Leg eine Bananenschale etwa 10 bis 30 Minuten auf einen blauen Fleck, und er wird schneller verblassen.

- Bist du erkältet und hast einen festsitzenden Husten? Dünste eine kleingeschnittene Zwiebel und atme die Dämpfe ein. Durch das Erhitzen entsteht Schwefelsäure, die den Schleim löst und das Atmen erleichtert.

- Plagen dich akute Zahnschmerzen? Reibe mit einem Eiswürfel über die V-förmige Hautfalte zwischen Daumen und Zeigefinger. Eine Studie hat gezeigt, dass dies das Schmerzempfinden um bis zu 50 % reduziert.

- Ist Mama nicht da, um dein Hemd zu bügeln? Hänge es auf einem Kleiderbügel im Badezimmer auf, während du duschst. Die Falten sollten verschwunden sein, wenn du aus der Dusche steigst.

- Lege einen benutzten, nassen Schwamm für etwa zwei Minuten in die Mikrowelle. Das sollte gut 99 % der Bakterien, die sich in ihm tummeln, abtöten.

- Ist dein Hemd oder Pullover statisch aufgeladen? Stich eine Sicherheitsnadel durch den Stoff hindurch, und das Problem hat sich erledigt.

- Bist du aus Versehen mit einem Kugelschreiber oder einem Füllfederhalter an deine Kleidung gekommen? Bürste etwas Zahncreme in den Tintenfleck und lass ihn trocknen. Nach dem Waschen ist der Fleck verschwunden.

- Das klingt vielleicht verrückt, aber mit Weißwein kann man Rotweinflecken entfernen.

- Ist Mama nicht da, um dich mal ganz fest zu drücken? Auf thenicestplaceontheinter.net gibt es zuhauf virtuelle Umarmungen und positive Botschaften von Fremden. Es ist nicht das Gleiche, wie von Mama in den Arm genommen zu werden, aber es wird dir mit Sicherheit den Tag erhellen.

- Hausmittel gegen Migräne: Tauche beide Hände in eiskaltes Wasser, solange du nur kannst. Balle währenddessen abwechselnd deine Fäuste und öffne sie wieder.

- Ist etwas unter den Kühlschrank gerollt, und du kommst nicht mehr dran? Befestige die Papphülse einer Küchenrolle mit Klebeband an deinem Staubsaugerrohr. Du kannst sie beliebig biegen und zusammendrücken, um so auch an unzugängliche Stellen zu gelangen.

- Isst du gerne Bagel? Dann schmeiß deine ausgediente CD-Spindel nicht weg. Sie ist die ideale «Brotdose» für deinen Pausensnack!

- Hast du kein Bügeleisen? Wenn ein Trockner in der Nähe ist, kannst du deine knittrige Kleidung zusammen mit einer nassen Socke hineinlegen und ihn 30 Minuten lang laufen lassen.

- Falte deine T-Shirts und staple sie dann hochkant. Das spart Platz und auch Zeit, denn du kannst sie alle gleichzeitig sehen und musst nicht erst aufwendig nach einem bestimmten suchen.

- Rutschen dir das Marmeladenglas, der Hammer oder der Schraubenzieher dauernd aus der Hand? Dann wickele einfach ein paar Gummibänder drum herum – und schon verbessert sich der Halt.

Die Mama-Ersatz-Checkliste

- **Lieblingskuscheldecke**
- **Bügeleisen**
- **Bügelbrett**
- **Trocknertücher**
- **Waschmittel**
- **Putzmittel**
- **Mamas Geheimrezepte**
- **Kochgeschirr**
- **Obst und Gemüse**
- **1 Dose Hühnersuppe (für den Krankheitsfall)**
- **Lieblingskuscheltier aus Kindheitstagen**
- **lauter Wecker**
- **Multivitamintabletten**
- **Desinfektionsspray**
- **Sonnencreme**

Tipps und Tricks für Haus- und Abschlussarbeiten

5.

- Ist dein Essay ein paar Zeichen zu kurz geraten? Du kannst am Ende einzelner Absätze Wörter in weißer Schriftfarbe einfügen. Sie sind zwar unsichtbar, erhöhen aber trotzdem deine Wortanzahl.

- Musst du einen Text oder gar ein Buch möglichst schnell durchlesen? Lege ein Bonbon oder Gummibärchen auf jeden Absatz. Du darfst sie essen, sobald du beim Lesen dort angekommen bist.

- Vermeide das Wort «sehr». Es legt eine gewisse Denkfaulheit nahe. Man ist nicht «sehr müde», sondern «erschöpft». Etwas ist nicht «sehr schlecht», sondern «grauenhaft». Etwas ist nicht «sehr groß», sondern «riesig».

- Bist du angesichts einer Fragestellung oder Matheaufgabe mit deinem Latein am Ende? Leg dich hin. Der Denkprozess läuft im Liegen schneller ab. Aus diesem Grund liegt man auch bei der Psychoanalyse.

- Der einfachste Weg, ein Essay oder eine Hausarbeit in kürzester Zeit zu verfassen, ist, ein Thema auszuwählen, das dich zur Weißglut treibt. Es wird ein Leichtes sein, dich seitenweise darüber auszulassen.

- Möchtest du Essays und Bibliographien verfassen wie ein Profi? Hol dir die Infos bei Wikipedia und zitiere die am Ende der jeweiligen Artikel aufgelisteten Quellen und Einzelnachweise.

- Bist du auf der Suche nach einer schnellen und einfachen Definition eines Wortes? Benutze einen Online-Thesaurus. Diese Synonymwörterbücher bedienen sich in aller Regel kürzester Erklärungen und Definitionen.

- Wenn du für deine Mitschriften verschiedenfarbige Stifte benutzt, aktiviert das dein visuelles Gedächtnis.

- Wenn man etwas per Hand aufschreibt, kann man es sich in etwa so gut merken, als hätte man es siebenmal gelesen. Das solltest du dir vor Augen halten, wenn du mit dem Lernen für eine Klausur oder eine Prüfung anfängst.

- Hast du die Hausarbeit nicht rechtzeitig fertigbekommen? Kopier eine wahllose Folge Sonderzeichen an das Ende des Dokuments und gib es so ab. Das wird deine Dozentin bzw. deinen Dozenten glauben lassen, die Datei sei beschädigt, und dir noch etwas zusätzliche Zeit verschaffen.

- Abgabetermin und die schwarze Tinte in deinem Drucker ist so gut wie aufgebraucht? Stelle die Schriftfarbe auf Dunkelbraun, der Unterschied ist im Ausdruck fast nicht bemerkbar.

- Mit Hundewelpen und Katzenbabys zu spielen, baut Stress ab und kann dir helfen, bei Prüfungen und Klausuren besser abzuschneiden.

- Möchtest du quasi im Vorbeigehen schlauer werden? Dann spiel hin und wieder *Tetris*. Es gilt als erwiesen, dass dieses Computerspiel die Leistungsfähigkeit des Gehirns um 150 % steigert.

- Mach dir Notizen zu den Ansichten und Einstellungen deiner Lehrenden und lass sie in deine Hausarbeiten einfließen.

- Zu glauben, dass man ein gutes Gedächtnis hat, hilft tatsächlich dabei, sich besser zu erinnern.

- Wenn du dir nach deinem letzten Satz nicht vorstellen kannst, den Stift triumphierend fallen zu lassen und dir selbstzufrieden auf die Schulter zu klopfen, dann ist dein Fazit nicht schlüssig genug, und du solltest es noch einmal überdenken.

- Effektive Lernmethode: Lies dir eine Seite deines Skripts durch und versuche anschließend, dich an so viel wie möglich zu erinnern. Wiederhole dieses Vorgehen für jede Seite, bis du zufrieden mit dem Ergebnis bist. Man kann sich Dinge besser merken, wenn man sich schon einmal daran erinnert hat.

- Du lernst bei dir zu Hause? Behalte die Schuhe an. Dein Gehirn assoziiert Schuhetragen damit, beschäftigt zu sein, entsprechend wird es weniger Ablenkung zulassen.

10 Tipps für eine erfolgreiche Nachtschicht

1 Setz dich auf einen Stuhl an den Schreibtisch anstatt auf die Couch, den Boden oder das Bett, um auf keinen Fall einzuschlafen.

2 Sorge dafür, dass es hell genug ist. Wenn du im Schummerlicht des Nachttischlämpchens ganz allein vor dich hinbüffelst, befindest du dich schon auf dem besten Weg ins Land der Träume.

3 Frische Luft ist ein idealer Wachmacher und Energiespender.

4 Vermeide jegliche Ablenkung. Schalt dein Mobiltelefon aus oder zumindest auf stumm und mach einen großen Bogen um Social-Media-Plattformen und YouTube-Videos.

5 Zu Kaffee oder Energydrinks solltest du nur im Notfall greifen. Vor allem wenn du Koffein nicht gewöhnt bist, riskierst du sonst einen sogenannten «Koffein-Crash», bei dem sich unangenehme Symptome einer Überdosierung bemerkbar machen.

6 Leg alle 60 bis 90 Minuten eine 10- bis 15-minütige Pause ein, während der du unbedingt auch einmal von deinem Stuhl aufstehen solltest, um deinen Kreislauf wieder in Schwung zu bringen.

7 Setz dir Kopfhörer auf und mach dir die gehirnanregende Wirkung von Musik zunutze. Klassische Musik ohne Gesang gilt als produktivitätssteigernd.

8 Schließ dich mit jemandem zu einer Lerngemeinschaft zusammen. Es ist gar nicht so einfach, wegzudösen, wenn man jedes Mal kurz vor dem Einschlafen einen Schlag in den Nacken bekommt.

5.

9 Wechsel von Zeit zu Zeit zwischen den Aufgaben oder Themen hin und her, falls du mehrere zu bearbeiten hast. Dann wird es nicht so schnell langweilig.

10 Mach pünktlich zum Sonnenaufgang ein 10- bis 15-minütiges Nickerchen, um deine innere Uhr wieder richtig einzustellen.

• Kau beim Lernen Kaugummi. Denn kaust du während der Klausur ein Kaugummi der gleichen Geschmacksrichtung, kannst du dich nachweislich besser an das Gelernte erinnern.

- Es gibt ein einfaches Rezept für das Verfassen schriftlicher Arbeiten. So entspricht eine 8-seitige Hausarbeit in etwa 16 Absätzen. Kalkuliert man je einen Absatz für Einleitung und Fazit, bleiben noch 14 Absätze für den Hauptteil übrig, die es mit Inhalt zu füllen gilt. Hierzu legt man eine Liste mit 14 Grundgedanken und Argumenten an, die man in eine sinnvolle Reihenfolge bringt und nacheinander behandelt. In so kleine Einheiten aufgeteilt, erscheint eine schriftliche Arbeit längst nicht mehr als unüberwindliches Hindernis.

- Ist eine Textpassage komplett in Klein- bzw. Großbuchstaben geschrieben, kannst du auf einem Windows-Rechner mit «Umschalt + F3» («Shift + F3») bzw. auf einem Mac mit «fn + Umschalt + F3» («fn + Shift + F3») zwischen den Formatierungen «kleinbuchstaben», «GROSSBUCHSTABEN» sowie «Ersten Buchstaben im Wort großschreiben» beliebig oft hin- und herwechseln.

- Die App *EasyBib* generiert Bibliographieeinträge in den gängigen Zitationsstilen für jedes beliebige Buch, indem du einfach nur den Barcode des entsprechenden Buches mit der Kamera deines Smartphones scannst.

- Hast du das Lernen bis zum allerletzten Moment vor dir hergeschoben? Die größtmögliche Chance zu bestehen hast du, wenn du die jeweils ersten und letzten 20 % des Lehrplans büffelst.

- Essay oder Hausarbeit fertig? Gib sie per Copy-and-Paste beim Onlinedienst *Google Übersetzer* ein und lass dir den Text vorlesen. Das erleichtert die Fehlersuche ungemein.

- Die Pomodoro-Technik für möglichst produktives Lernen: Bei dieser Zeitmanagementmethode folgt auf 25 Minuten hochkonzentriertes Lernen eine 5-Minuten-Pause. Jede vierte Pause sollte 15 bis 20 Minuten lang sein.

- Möchtest du schneller lesen? Dann kau Kaugummi! Denn es fördert die Konzentration, indem es die Aufmerksamkeit von Augen, Ohren und Mund auf eine einzige Hintergrundtätigkeit lenkt. Dadurch ist es möglich, doppelt bis dreimal so schnell zu lesen.

- Brauchst du Nachhilfe in Geographie? Kauf dir einen Duschvorhang, auf dem eine Weltkarte abgebildet ist. In kürzester Zeit kannst du mit deinem Expertenwissen glänzen.

Essays und Hausarbeiten länger erscheinen lassen

Kurz und prägnant	Blumig und ausschweifend
so wie	in Entsprechung zu
so wie	in Art und Weise vergleichbar
so	auf diese Art und Weise
wirklich	den Tatsachen entsprechend
immer	zu jeder Zeit
jetzt, zurzeit	im Augenblick;
	zum jetzigen Zeitpunkt
weil	aufgrund der Tatsache, dass;
	dank des Umstandes, dass;
	aus dem Grund, dass;
	in Anbetracht der Tatsache, dass
durch	mit Unterstützung;
	unter Zuhilfenahme
hinweisen auf	Aufmerksamkeit lenken auf
für	zum Zwecke
können, imstande	über die Fähigkeit verfügen;
sein	in der Lage sein
um zu	mit dem Ziel, zu
über, zu	mit / zu dem Thema;
	mit Bezug zu
wegen	hinsichtlich;
	im / in Hinblick auf
obwohl	ungeachtet der Tatsache, dass
falls	unter der Voraussetzung, dass

letztlich	zu guter Letzt; bei genauerer Betrachtung
ungefähr	annäherungsweise; über den Daumen gepeilt
entscheiden	eine Entscheidung treffen
wegen, zu	anlässlich; aus Anlass
zweimal	bei zwei verschiedenen Gelegenheiten
die (aller-)meisten	die (weit) überwiegende Mehrheit
die Menschen in	die Menschen, die in … ansässig sind
der Kuchen im	der im … befindliche Kuchen
bis	bis zu dem / diesem Zeitpunkt
darüber, davon, dazu, hierzu	darauf / hierauf Bezug nehmend; in dieser Angelegenheit

5.

• Gründe eine Lerngemeinschaft mit jemandem, der blaue Augen hat. Studien zufolge lernen blauäugige Personen effektiver und schneiden tendenziell besser bei Prüfungen ab.

• Findest du keine gute Musik zum Lernen oder Hausarbeitenschreiben? Versuch es mal mit der Hintergrundmusik für ein Videospiel oder einem Filmsoundtrack. Solche Musik wird eigens dafür geschrieben, dass sie einen nicht vom Wesentlichen ablenkt.

- Für die meisten Matheaufgaben kannst du im Handumdrehen die Lösungen im Internet finden, indem du den Namen des Lehrbuchs in eine Suchmaschine eingibst und ihn um den Suchbegriff «Lösungen» erweiterst.

- Du solltest beim Verfassen von Essays und anderen schriftlichen Arbeiten darauf achten, die Gegenargumente nicht unerwähnt zu lassen.

- Während der Vorbereitungen auf deine Abschlussprüfungen solltest du dein Mobiltelefon in eine möglichst weit entfernte Ecke deines Zimmers oder wenn möglich gleich ganz in einen anderen Raum legen. Deine Faulheit wird – so zumindest die Hoffnung – über deine Langeweile siegen.

- Am effektivsten lernt man mit Hilfe der Vorstellung, dass man das Gelernte anschließend jemand anderem beibringen soll.

- Ein Essay oder eine Hausarbeit auf Deutsch kann schon eine Herausforderung darstellen – aber auf Englisch? Wenn du so gar nicht weiterkommst, kannst du die Seite www.EssayTyper.com ausprobieren, auf der du kostenfrei eine schriftliche Arbeit zu jedem beliebigen Thema in Minutenschnelle tippen kannst. Allerdings solltest du äußerst umsichtig mit dieser Seite umgehen und nur im äußersten Notfall auf ihre Hilfe zurückgreifen.

Die Checkliste für Nachtschichten

- Lehrbücher und Fachliteratur
- Laptop oder Computer
- Tisch- oder Leselampe
- Notizblock
- Stifte
- Wasser
- Kaffeemaschine, Filtertüten und Kaffeepulver
- Energydrink
- MP3-Player oder Spotify
- Kopfhörer (nach Möglichkeit mit Geräuschunterdrückung)
- Wecker (falls ein kleines Nickerchen nötig sein sollte)
- Knabberzeug
- Kaugummi

Anleitung zum Pleitesein

6.

• Es gibt bei Starbucks eine kleinere Bechergröße als *Tall* namens *Short*, die nicht nur deinen Geldbeutel schont, sondern auch besser für deine Gesundheit ist.

• Wenn man unter der Dusche pinkelt, kann man bis zu 4000 Liter Wasser im Jahr sparen. Pro Person.

• Möchtest du etwas bei Apple kaufen? Leg den oder die Artikel in deinen Warenkorb, aber brich den Kaufvorgang anschließend ab. 7 bis 10 Tage später flattert ein entsprechendes Angebot mit einem Rabatt von 15 % bis 20 % in deine Inbox. Und wenn nicht: Nutze den Apple Education Store, in dem Studierenden ganz generell Preisnachlässe gewährt werden.

• Bedenke beim Supermarkteinkauf, dass sich die günstigen Artikel in den oberen und unteren Regalen befinden – und nicht etwa auf Augenhöhe. Deswegen werden diese Produkte auch als Bückware bezeichnet.

• Viele Supermärkte bieten Produkte kurz vor Ablauf des Mindesthaltbarkeitsdatums deutlich günstiger an. (Du brauchst dich nicht davor zu ekeln: Es heißt «mindestens haltbar bis», nicht etwa: «sicher tödlich ab».)

• Geh nicht mit leerem Magen in den Supermarkt. Sonst kaufst du garantiert auch Dinge, die du eigentlich gar nicht brauchst.

• Nimm dein Wechselgeld unter die Lupe. Es gibt Fehl- und Sonderprägungen oder auch einfach nur seltenere Exemplare, die ein Vielfaches des Nennwertes der jeweiligen Münze einbringen. Bei www.zweieuro.com kannst du ungefähre Marktpreise in Erfahrung bringen oder dich informieren, bei welchen Münzen es sich besonders lohnt, die Augen danach offen zu halten.

• Mit Hilfe einer sogenannten Foldback-Klammer bekommst du auch noch das letzte bisschen Zahnpasta aus dem unteren Ende der Tube gedrückt.

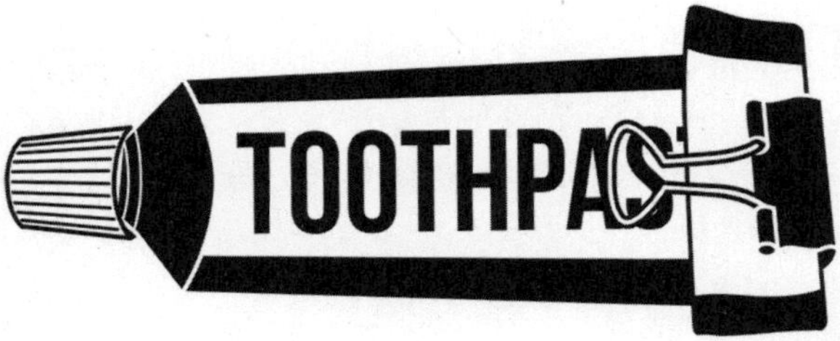

• Bei Subway gibt es täglich wechselnd ein sogenanntes «Sub des Tages» zu einem vergünstigten Preis. Auf www.subway-gutscheine.de kannst du außerdem nach aktuell gültigen Gutscheinen für Subway-Schnellrestaurants in deiner Region suchen.

• Musst du dir dieses Semester etwas dazuverdienen? Bei www.stuvia.de und www.unidog.de kannst du Mitschriften kaufen und verkaufen. Bei www.uniturm.de ist der Download kostenlos, für den Upload gibt es ein Prämiensystem.

• Spielst du mit dem Gedanken, dir ein neues Laptop, Mobiltelefon oder andere elektronische Geräte für die Uni anzuschaffen? Anfang September findet jährlich die IFA (Internationale Funkausstellung) statt, auf der die Anbieter für Unterhaltungs- und Gebrauchselektronik ihre Neuvorstellungen präsentieren. Um diesen Termin herum räumen die Händler regelmäßig ihre Lager – und die Preise für Vorgängermodelle purzeln in den Keller.

• Wolltest du dir schnell eine Kleinigkeit aus dem Snackautomaten ziehen, doch der Artikel ist hängen geblieben? Versuche nicht, ihn freizubekommen, indem du dasselbe noch einmal anwählst, sondern kauf das Produkt in dem Fach darüber.

• Mittlerweile bieten sehr viele Hersteller unterschiedlichster Branchen eine Geld-zurück-Garantie für ihre Produkte an. Bist du nicht zufrieden, wird dir der Kaufpreis erstattet. Informier dich lieber, bevor du etwas entnervt in den Mülleimer wirfst.

- Wie kann man das Studium finanzieren? Neben BAföG und Studienkredit gibt es je nach Fachrichtung Alternativen, bei denen man (fast) nichts zurückzahlen muss. Dazu gehören unterschiedlichste Stipendien sowie die Möglichkeit, sich das (berufsbegleitende) Studium von einem Unternehmen finanzieren zu lassen oder es im öffentlichen Dienst, bei der Bundeswehr oder bei der Polizei zu absolvieren.

- Studierende zahlen weniger für eine Amazon-Prime-Mitgliedschaft. Im ersten Jahr ist sie komplett kostenlos und umfasst die generelle Gratislieferung sowie unbegrenzten kostenlosen Fotospeicherplatz. Anschließend gibt es sie um 50 % ermäßigt, im Gegenzug kann man beliebig viele der angebotenen Spielfilme und Fernsehserien streamen.

- Auf www.TooGoodToGo.de findest du Restaurants in deiner Nähe, die zu stark vergünstigten Preisen das verkaufen, was bei Ihnen übrig geblieben ist. Das Beste daran: Du schonst nicht nur deinen Geldbeutel, sondern tust nebenbei auch noch aktiv etwas gegen Lebensmittelverschwendung.

- Du kannst jede Menge Geld sparen, wenn du die Tintenpatronen für deinen Drucker nachfüllen lässt, anstatt neue vom Originalhersteller zu kaufen. Traust du dir das nicht zu, kannst du das auch in einer sogenannten Tintenladestation bzw. Druckertankstelle machen lassen. Die meisten Filialen in Deutschland hat www.cartridgeworld.de.

- Zu alt, um an St. Martin oder Halloween von Tür zu Tür zu gehen? Vor allem in kleineren Geschäften und Boutiquen steht oft ein Glas mit Bonbons oder Ähnlichem, aus dem sich die Kundschaft jeden Alters bedienen darf.

- Möchtest du etwas über ein Online-Kleinanzeigen-Portal wie etwa www.ebay-kleinanzeigen.de kaufen, dann kontaktiere die Inserentin oder den Inserenten zunächst mit Hilfe einer Fake-E-Mail-Adresse und gib ein extrem niedriges Angebot ab. Schick anschließend unter deiner echten E-Mail-Adresse ein zweites Angebot, das angemessen – wenn auch niedriger – als der eigentlich verlangte Preis ist. Die meisten Verkäuferinnen und Verkäufer gehen darauf ein.

- Bei www.morgengold.de kann man als Neukunde dieses Frühstücksdienstes ein kostenloses Probepaket mit Backwaren bestellen.

- Fremdsprachen lernen muss nicht teuer sein! Es gibt kostenlose Onlineplattformen wie www.busuu.com oder www.duolingo.de, auf denen du Englisch, Spanisch, Französisch und viele weitere Sprachen lernen kannst.

- Du möchtest Sport machen? Sehr gut! Das Hochschulsportangebot deiner Universität ist sehr viel günstiger als jedes Fitnessstudio. Und davon abgesehen – oft übernehmen Krankenkassen anfallende Kursgebühren oder bieten ein Bonusprogramm an.

Die ultimative Studirabatt-Liste

ESSEN UND TRINKEN

- IKEA: Bonuskarte sowie Gratiskaffe oder Gratistee
- Subway: ermäßigtes «Sub des Tages», regelmäßige Gutscheinaktionen, Bonuskarte
- Burger King: regelmäßige Gutscheinaktionen, Feedback-Belohnungen
- McDonald's: regelmäßige Gutscheinaktionen
- Kentucky Fried Chicken: regelmäßige Gutscheinaktionen
- Pizza Hut: regelmäßige Gutscheinaktionen
- Nordsee: regelmäßige Gutscheinaktionen
- Starbucks: Bonuskarte
- Vapiano: Prämiensystem
- Domino's: regelmäßige Gutscheinaktionen im Newsletter
- Uni-Mensa

BEKLEIDUNG, SCHUHE & ACCESOIRES

- Dockers: 20 %
- Tally Weijl: 20 %
- French Connection: 15 %
- George, Gina & Lucy: 15 %
- Adidas: 15 %
- Reebok: 15 %
- Asos: 10 %
- Urban Outfitters: 10 %
- Long Tall Sally: 10 %

- Oasis: 10 %
- Quicksilver: 10 %
- Roxy: 10 %
- DC Shoes: 10 %
- Forever 21: 10 %
- Levi's: 10 %

ELEKTRONIK & COMPUTER

- Amazon: Amazon-Prime-Mitgliedschaft im ersten Jahr kostenlos
- Apple: ermäßigte Preise im Apple Store Bildung
- Adobe: 65 % Rabatt auf Creative Cloud, das heißt auf sämtliche kostenpflichtigen Programme
- Gravis: ermäßigte Preise für Mitglieder im Gravis Campus Club
- HP: ermäßigte Preise im HP Education Store
- Lenovo: ermäßigte Preise über Lenovo Campus
- Microsoft: ermäßigte Preise im Microsoft Store
- Notebookcampus.de: ermäßigte Preise für verschiedene Hersteller
- Western Digital: ermäßigte Preise im WDStore for Education

FREIZEIT

- Cinestar: ermäßigter Eintritt
- Cinemaxx: ermäßigter Eintritt
- UCI Kinowelt: ermäßigter Eintritt
- Berliner Bühnen: ermäßigter Eintritt
- Thalia Theater Hamburg: ermäßigter Eintritt
- Kölner Philharmonie: ermäßigter Eintritt

- **Alte Oper Frankfurt: ermäßigter Eintritt**
- **Deutsches Museum München: ermäßigter Eintritt**

SONSTIGES

- **Banken: kostenlose Girokonten, bei vielen Geldinstituten sogar kostenlose Kreditkarten**
- **GEZ: Befreiung von den GEZ-Gebühren mit BAföG-Bescheid**
- **Telekom: Sozialtarif der Telekom mit GEZ-Befreiung**
- **Zeitungen und Zeitschriften: ermäßigte Abos für überregionale Zeitungen und viele Zeitschriften**
- **Hochschulsport: günstiger als jedes Fitnessstudio**
- **Deutsche Bahn: 50 % auf die BahnCard 50 bis 27 Jahre**
- **ADAC: ermäßigte Jahresmitgliedschaft**

• Reicht dir nicht, was du während deines Studiums an der Uni alles lernst? Dann sind MOOCs (Massive Open Online Courses) etwas für dich. Eine Vielzahl anerkannter Universitäten weltweit stellt unter anderem auf www.coursera.org, www.edX.org und www.udacity.com Onlinekurse zu unterschiedlichsten Themen zur Verfügung – auf akademischem Niveau und kostenlos.

- Möchtest du dir etwas dazuverdienen? Auf Hundesitterplattformen wie www.leinentausch.de oder www.pawshake.de kannst du dich anmelden und dann ganz einfach Geld verdienen, indem du mit Hunden in deiner Gegend oder in Uninähe Gassi gehst.

- Wenn du Büromaterialien für die Uni online kaufst, lohnt es sich, vorher nach Gutscheinen und Rabattaktionen zu suchen. Vom Gratisversand bis zu Nachlässen in Höhe von 10 % bis 25 % ist in der Regel alles drin.

- Schon gewusst? Man kann Apps nach dem Kauf zurückgeben. Im *Google Play Store* kannst du einen Kauf innerhalb von 2 Stunden stornieren. Apple gewährt sogar ein 14-tägiges Rückgaberecht. Eine missbräuchliche Nutzung kann allerdings dazu führen, dass künftig jegliche Rückgabe verweigert wird.

- Bist du auf der Suche nach den wirklich günstigen eBay-Schnäppchen? Auf www.fatfingers.com kannst du eingeben, nach was du suchst. Die Seite generiert dann einen Link zu einer eBay-Seite, auf der du entsprechende Auktionen mit Tippfehlern findest, etwa «Digitalkanera» oder «Paystation». Da kaum jemand nach diesen falschen Schreibweisen sucht, erhalten die entsprechenden Artikel nur niedrige oder gar keine Gebote.

Trinkgläser aus Bierflaschen selbst machen

1 Binde eine Schnur unterhalb des Flaschenhalses in der gewünschten Höhe um die Flasche herum und mache einen festen Knoten hinein.

2 Zieh die Schlaufe vorsichtig und ohne sie zu weiten von der Flasche und tränke sie in Feuerzeugbenzin.

3 Schieb die Schlaufe anschließend zurück auf die Flasche an ihre ursprüngliche Position. Zünde die Schnur an, während du die Flasche in der Waagerechten hältst und langsam drehst, damit die Flamme gleichmäßig einmal rundherum am Flaschenkörper entlangbrennt, und puste sie dann bei Bedarf aus.

4 Lass kaltes Wasser über die Flasche laufen. Dabei sollten sich Flaschenhals und Flaschenkörper voneinander trennen.

5 Schmirgle die Kante vorsichtig und sorgfältig mit Sandpapier ab.

6 Dein neues Trinkglas ist fertig!

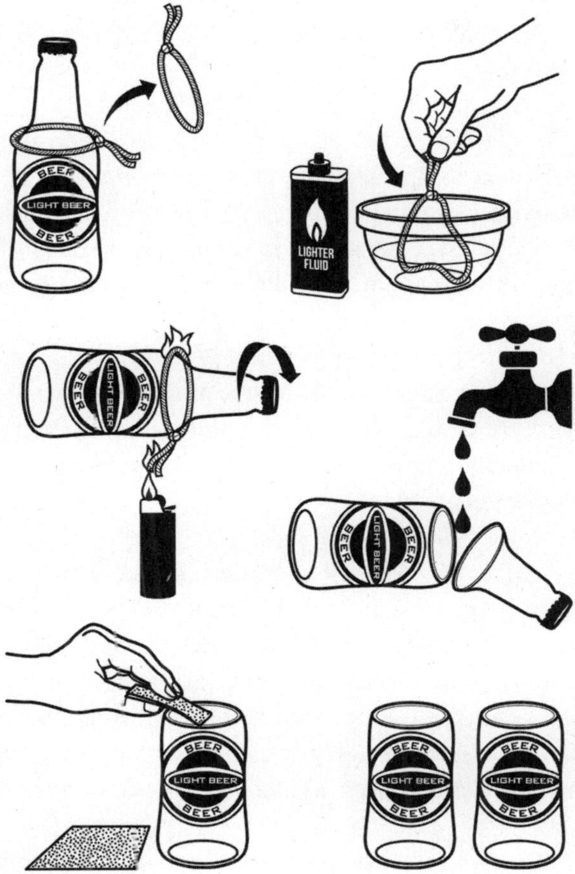
BEER
LIGHT BEER
BEER
LIGHTER
FLUID

- Viele Bäcker, Schnellrestaurants und Imbisse haben Bonuskarten, mit denen man nach einer bestimmten Anzahl von Käufen ein Produkt oder Gericht umsonst erhält. So geht bei Ikea jedes siebte Hauptgericht aufs Haus.

- Du möchtest bei den Ausgaben für Lebensmittel Geld sparen? Trink mehr Wasser. Drei von vier Deutschen trinken nicht genug – was sich unter anderem darin äußert, dass sie mehr und häufiger Hunger haben. Außerdem verwechseln viele Durst mit Hunger.

- Benutz die kleinen Ketchup-Beutelchen, die es zu Pommes dazugibt, als Kühlkompresse. Sie haben die perfekte Größe für kleinere Beulen und bleiben geschmeidig genug, sodass sie sich an jedes beliebige Körperteil anpassen.

- Wirfst du Kassenbons immer direkt weg? Nicht mehr lange! Nach jedem Besuch bei Burger King kannst du unter www.bk-feedback-de.com bei einer Umfrage mitmachen und den dort erhaltenen Code samt dem alten Kassenzettel beim nächsten Mal vorzeigen. Je nach Aktion gibt es etwas anderes umsonst oder verbilligt. Klappt wieder und wieder. Und wieder.

- Möchtest du bei der Betriebskostenabrechnung sparen? Leg einen Backstein in den Toilettenspülkasten. Durch die Verdrängung sparst du bei jedem Spülvorgang die entsprechende Menge Wasser.

- Legal Filme und Serien gucken, ohne einen Cent dafür zu bezahlen? Das geht mit dem kostenlosen Probemonat des Videoportals *maxdome*.

- Fällt es dir schwer, dich bei all der Lernerei auch noch zum Sport aufzuraffen? Dann kann dir die App *Pact* vielleicht den nötigen Tritt in den Allerwertesten geben. Die Community bezahlt dich nämlich dafür, dass du deine selbstgesteckten Ziele erreichst. Woher das Geld kommt? Von all denen, die es nicht schaffen – das kostet nämlich Bares.

- Supermärkte sortieren ihre Produkte nach dem Mindesthaltbarkeitsdatum. Ganz vorne stehen daher die Sachen, die zuerst ablaufen. Greif also nach hinten ins Regal, damit deine Sachen möglichst lange halten.

- Wer häufig zu Starbucks geht, sollte sich eine Kundenkarte zulegen. Nach nur fünf Käufen erreicht man das sogenannte *Grüne Level*, ab dem man einen zusätzlichen Espresso-Shot gratis erhält und sich seinen Filterkaffee oder Tee im Café kostenlos nachfüllen lassen kann.

- Hättest du gerne eine bezahlbare *Xbox One* oder *Playstation 4*? Wirf einen Blick bei eBay-Kleinanzeigen rein, kurz nachdem es Schulzeugnisse gegeben hat.

6.

- Wenn du dir einen Kaffee am Automaten kaufst, dann wirf als Erstes die Münze mit dem geringsten Wert rein. So verlierst du nicht so viel Geld, falls er kaputt sein sollte.

10 Webseiten, auf denen du kostenlos an Fachliteratur kommst

1 **BookBoon.com**

2 **Amazon.de**

3 **ManyBooks.net**

4 **Thalia.de**

5 **wiki.mobileread.com**

6 **PaperC.com**

7 **zeno.org**

8 **Gutenberg.org**

9 **wikibooks.org**

10 **eBook.de**

- Sind am Boden der Cornflakes-Tüte fast nur noch Krümel zu finden? Entleere sie in ein Küchensieb und genieß die letzte Schüssel knusprige Cornflakes.

- Findest du Lehr- und Fachbücher unfassbar teuer? Auf www.bonavendi.de bekommst du gebrauchte Exemplare zu einem Bruchteil des Neupreises und kannst deine eigenen auch gleich verkaufen, wenn du sie nicht mehr brauchst.

- Verstehst du dich bzw. versteht ihr euch gut mit den Nachbarn? Teilt euch das WLAN – und die dazugehörige Rechnung.

- Beim Stöbern im *App Store* bzw. *Google Play Store* über eine vorübergehend kostenlose App gestolpert, deren Download sonst kostenpflichtig ist? Denk nicht lange nach, sondern lad sie herunter – und lösch sie gleich wieder. Du kannst sie später jederzeit wieder installieren, ohne dafür zu bezahlen.

- Deine IKEA-Kundenkarte beschert dir bei jedem Besuch eines der schwedischen Möbelhäuser einen kostenlosen Kaffee oder Tee.

- Du möchtest auch mal etwas anderes lesen als immer nur Fachliteratur? Bei www.abo-frosch.de und www.abo24.de findest du Zeitungs- und Zeitschriftenabonnements zu stark vergünstigten Konditionen.

Die Checkliste für notorisch klamme Studis

- Instant-Nudelsuppen
- Standardgewürze von der Supermarkt-Eigenmarke
- *WhatsCall* (weltweit kostenlos telefonieren dank Werbeunterbrechungen)
- Sparschwein
- Eiswürfel und / oder 1 Flasche Wodka vom Discounter
- wöchentlichen / monatlichen / jährlichen Haushaltsplan
- (kostenlose!) Kreditkarte
- Tütensoßen und -suppen
- Mirácoli und Tiefkühlpizza
- Toilettenartikel in Reisegröße
- Taschentücher, um dir die Tränen der Verzweiflung wegzuwischen

Party-Hacks

7.

- Kauf deinen Alkohol beim Discounter, dort ist er in der Regel sehr viel günstiger. Veranstaltest du eine Party, solltest du das Bier bei einem Getränkehändler auf Kommission kaufen. Dann kannst du zurückgeben, was nicht getrunken wurde, und du bleibst nicht darauf sitzen.

- Fünf einfache Worte, um mit (kostenlosem) Alkohol versorgt zu werden: «Ich war noch nie betrunken.»

- Es hat sich gezeigt, dass man selbstsicherer wirkt, wenn man sein Getränk bei einer Party oder in einer Bar auf Höhe des Bauchnabels hält.

- Kommst du mit deiner Anmache nicht weiter, weil dein Gegenüber so nuschelt? Gute Gelegenheit, um näher heranzugehen und sich vorzubeugen. Wende ihr oder ihm dabei dein rechtes Ohr zu. Es ist besser darin, schnell wechselnde Signale, also auch Sprache, zu verarbeiten.

- Neigst du den Kopf mit leicht erhobenem Kinn nach rechts, wirkst du attraktiver. Neigst du ihn links, wirkst du intelligenter.

- Wie ein Mann riecht, hat größeren Einfluss auf Frauen als sein Aussehen. Männer, überlegt euch gut, welches Aftershave ihr benutzt oder welchen Duft ihr auflegt!

• Du möchtest – aus welchen Gründen auch immer – nicht mit Alkohol in der Hand gesehen werden? Füll deinen Drink in einen Coffee-to-go-Becher. Deckel drauf, Strohhalm rein, Tarnung perfekt!

Bierflaschen mit einem Blatt Papier öffnen

1 Zunächst ein Blatt Papier einmal quer in der Mitte falten.

2 Das entstehende Rechteck dann dreimal längs in der Mitte falten.

3 Anschließend das längliche schmale Rechteck einmal in der Mitte falten, sodass sich ein V ergibt.

4 Fertig gefaltet: Die Spitze des Vs unterhalb des Kronkorkens platzieren und die Bierflasche damit aufhebeln. Prost!

• Es gibt keine zweite Chance für einen ersten Eindruck, so viel ist klar. Aber wusstest du auch, dass die ersten 7 Sekunden entscheidend sind? Nutze sie!

• Lege ein paar Glow Sticks in die Kühlbox, um im Dunkeln auch ohne Taschenlampe die Getränke auseinanderhalten zu können.

- Bist du betrunken und hast das Gefühl, dich übergeben zu müssen? Schnelle, kurze Atemzüge können dir – zumindest kurzfristig – helfen, den Brechreiz in den Griff zu bekommen.

- Du bist dir nicht sicher, ob du Chancen bei deinem Gegenüber hast? Schau ihr oder ihm tief in die Augen. Bei entsprechendem Interesse weiten sich die Pupillen um bis zu 45 %.

- Wenn du jemanden auf einer Party zum ersten Mal triffst, dann spar dir die ganzen plumpen und peinlichen Floskeln, indem du gleich so etwas fragst wie: «Na, und was gibt's bei dir so Neues?»

- Behalte den Ellbogen deines Gegenübers im Blick – und du wirst beim nächsten *high-five* nicht mehr danebenklatschen.

- Habt ihr dem Tischtennisball beim *Beer Pong* eine Delle verpasst? Halte ein Feuerzeug (nicht zu nah) unter den Ball und warte, bis die Wärme dafür sorgt, dass die Luft im Innern des Balls sich ausdehnt und ihn wieder ausbeult – schon sieht er wieder aus wie neu.

- Habt ihr ein Turnier am Laufen? Für größere Stückzahlen kochst du am besten einen Topf Wasser auf und wirfst die verbeulten *Beer-Pong*-Bälle alle gleichzeitig für etwa 10 Sekunden hinein.

10 Wege, einen Kater zu kurieren

1 Probier mal Honig auf Crackern. Die Fruktose im Honig unterstützt den Körper dabei, den Alkohol abzubauen.

2 Ob du's glaubst oder nicht, dein Kopf wird es dir danken, wenn du ein warmes Fußbad nimmst.

3 Trink Sportgetränke. Ihre Inhaltsstoffe gleichen den Flüssigkeitsverlust des Körpers hervorragend aus.

4 Vorbeugen ist besser als heilen: Schaff mit einem ausgiebigen, nach Möglichkeit fettigen Abendessen eine Grundlage, bevor du dich ins Nachtleben stürzt. Das Fett schützt deine Magenwände und verlangsamt die Alkoholaufnahme.

5 Trink nach jedem Glas Alkohol ein Glas Wasser. Dann wirst du zwar betrunken, sparst dir aber den Kater.

6 Iss zum (Kater-)Frühstück Toastbrot. Das schont den Magen und lässt den Blutzuckerspiegel nach der harten Nacht, die deine Leber hinter sich hat, wieder ansteigen.

7 Trink helles Bier. Je dunkler der Alkohol, den du zu dir nimmst, desto heftiger der Kater am Morgen danach.

8 Geh spazieren, joggen oder schwimmen. Das wird zu Beginn zwar eine echte Überwindung sein, doch von den ausgeschütteten Endorphinen bekommst du garantiert bessere Laune.

9 Trink ein Glas Wasser mit einer darin aufgelösten *Alka-Seltzer*-Brausetablette. Ihre Inhaltsstoffe helfen besonders gut gegen Kater.

10 Besorg dir eine Elektrolytlösung wie *Oralpädon* aus der Apotheke. Dabei handelt es sich um ein Medikament für Kleinkinder, das den Flüssigkeitshaushalt bei Durchfallerkrankungen wieder ausgleicht und Erfahrungsberichten zufolge wahre Wunder wirkt. Wenn du die Lösung am Vorabend ins Gefrierfach stellst, hast du beim Frühstück etwas zum Naschen, das dir gleichzeitig guttut.

• Du kennst niemanden auf der Party? Vergiss nicht, dass es besser ist, sich für andere zu interessieren, als zu versuchen, für andere interessant zu sein. Ahmst du dezent die Körpersprache deines Gegenübers nach, erweckt das automatisch und ganz unbewusst Sympathie.

• Es gibt einen Trick, der (billigen) Rotwein geschmacklich verblüffend aufwertet: Schütte eine Flasche Wein in einen Mixer und stelle diesen für rund 20 Sekunden an. Das Tannin wird gemildert und der Wein in Windeseile belüftet.

• Hast du den Verdacht, jemand möchte dir eine falsche Telefonnummer unterjubeln? Wiederhole sie in der umgekehrten Reihenfolge und streue dabei eine falsche Ziffer oder einen Zahlendreher ein. Korrigiert sie oder er dich, dann war die genannte Nummer korrekt.

• Nimm Schmerzmittel wie Ibuprofen nie auf nüchternen Magen ein, schon gar nicht, um einen Kater zu kurieren, denn sie können der empfindlichen und durch den übermäßigen Alkoholkonsum ohnehin strapazierten Magenschleimhaut schaden.

• Keine Lust, andauernd aufsagen zu müssen, welche Getränke sich im Kühlschrank befinden? Mach je ein Flaschenetikett ab und hefte es an die Kühlschranktür.

• Mädels: Nicht sicher, ob der Typ auf euch steht? Achtet auf seine Stimme. Männer neigen dazu, die Stimme zu senken, wenn sie an jemandem interessiert sind.

• Hast du das Gefühl, dich übergeben zu müssen? Lutsch ein Pfefferminzbonbon oder kau ein Pfefferminzkaugummi. Damit solltest du den Brechreiz in den Griff bekommen.

• Wenn du nach durchzechten Nächten häufig früher wach wirst, als dir lieb ist, dann könnte das daran liegen, dass du unterzuckert bist. Ein Toast mit Erdnussbutter kann Abhilfe schaffen.

• Steht Pizza vom Lieferdienst auf dem Speiseplan? Dreh den Pizzakarton auf deinen Knien um 180°, sodass der offen stehende Deckel deinen Oberkörper bedeckt – schon ist Kleckern kein Problem mehr!

• Die Farben der Kleidung machen 62 bis 90 % des ersten Eindrucks aus, den man beim Kennenlernen bei seinem Gegenüber hinterlässt. Mit hellen Farben fährt man in aller Regel besser.

• Hol immer die erste Runde an Getränken. Du wirst erstaunt sein, wie lange der Hinweis «Die erste Runde ging auf mich!» dich anschließend frei hält.

• Tipp für die Männerwelt: Tragt etwas Rotes, das erhöht eure Chancen beim anderen Geschlecht. Eine Vielzahl von Studien belegt, dass Frauen sowohl kulturell als auch evolutionär so geprägt sind, dass sie Männer in einem roten Hemd oder T-Shirt attraktiver finden.

- Legst du keinen Wert darauf, dass alle deinen Knutschfleck von letzter Nacht begutachten? Drück ein paar Minuten lang einen kalten Löffel dagegen, und er verschwindet schneller.

- Solltest du jemals in die Verlegenheit kommen, einen Faustschlag ausführen zu müssen, dann ball die Faust erst in allerletzter Sekunde. Du vergeudest sehr viel Kraft, wenn du sie schon beim Schwungholen ballst. (Wollen wir hoffen, dass du diesen Trick nie anwenden musst.)

- Im Bett länger durchhalten: Tief und langsam ein- und ausatmen, das entspannt dich und beruhigt deinen Herzschlag, wodurch du wiederum deine Erregung besser kontrollieren kannst.

- Leg Gummibärchen in Wodka ein und warte einen Tag, dann sind sie fertig zum Naschen. So süß warst du noch nie betrunken!

- Flaschendrehen trifft russisches Roulette: Zunächst werden Schnapsgläser mit und ohne Alkohol gefüllt und im Kreis aufgestellt. Dann wird die Flasche wie gehabt gedreht, und jeder trinkt das Glas aus, auf das die Flasche zeigt. Noch lustiger wird's mit Bechern, durch die man nicht sofort den Inhalt erkennt.

Toilettenpapierrollen-Lautsprecher für dein Smartphone

1 Schneide mit einer Schere einen Schlitz in die leere Papphülse einer Toilettenpapierrolle, der den Abmessungen deines Smartphones entspricht.

2 Befestige als Halterung zwei Pinnadeln an der Unterseite der Papphülse und stell dann dein Smartphone in den Schlitz.

3 Dreh die Musik auf. Viel Spaß!

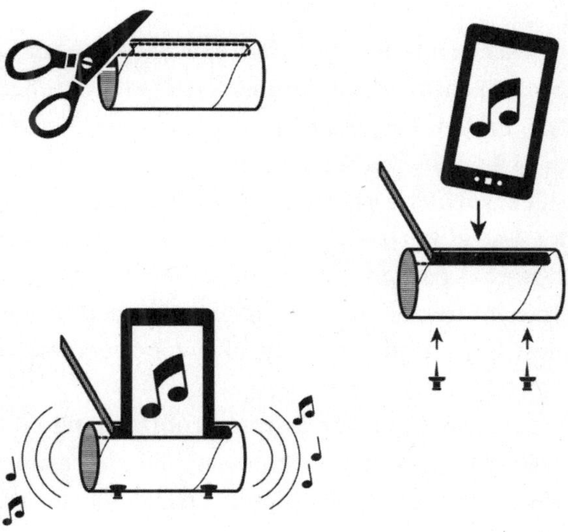

10 Tipps, mit denen du ein Ass beim *Beer Pong* wirst

1 Sorg vor jedem Wurf dafür, dass der Tischtennisball nass ist. Ein trockener Ball schwimmt länger an der Oberfläche und rutscht dir auch schneller aus der Hand.

2 Die Wurfposition ist entscheidend. Egal ob du mit links oder rechts wirfst, der entsprechende Fuß sollte vorn stehen, der andere weiter hinten.

3 Halt den *Beer-Pong*-Ball nur mit Daumen und Mittelfinger fest. Auf diese Weise bleiben deine Würfe am ehesten von Runde zu Runde konstant.

4 Aufsetzende Bälle können spielentscheidend sein. Denn solche *Bouncer*, die anschließend im Becher landen, zählen doppelt, das heißt für zwei Becher. Behalte dein Gegenüber also im Blick und versuch dein Glück, sobald er oder sie abgelenkt ist. Aber: So groß der Trubel um euch herum auch sein mag, pass im Gegenzug gut auf, falls er oder sie versuchen sollte, einen Aufsetzer in einem deiner Becher zu landen. Diese Bälle dürfen nämlich abgewehrt werden.

5 Tu so, als ob du gerade nicht aufpasst. Dein Gegenüber wird das sofort für einen *Bouncer* ausnutzen wollen, woraufhin du diesen erbärmlichen Versuch ganz locker abwehren kannst.

6 Übe, beidhändig zu werfen. Das kann zu besonders raffinierten Kunstwürfen führen.

7 Geh aufs Ganze! Triffst du mit dem Ball in den Strafbecher, den dein Gegenüber gerade austrinkt, hast du bzw. hat dein Team automatisch gewonnen.

8 Nimm einen ganz bestimmten Punkt des Bechers ins Visier. Das erhöht deine Wahrscheinlichkeit, ihn zu treffen, und verschafft dir einen Vorteil vor anderen, die einfach nur auf den Becher als Ganzes zielen.

9 Nutz deine Beine. Stoß dich während des Wurfs mit Hilfe der Beinmuskulatur leicht vom Boden ab, wie bei einem Korbwurf beim Basketball.

10 Gönn dir vor dem Spiel ein Bier «außer Konkurrenz». Der perfekte Wurf kommt nie von dem Nervenbündel, dessen Puls rast wie verrückt. Also entspann dich und trink erst mal etwas.

• Möchtest du eine Flasche Bier in Rekordzeit kühlen? Wickle sie in nasses Küchenpapier und leg sie für zwei Minuten ins Einfach.

• In den meisten Uni-Städten gibt es Nachtbusse oder Sonderformen des öffentlichen Nahverkehrs wie etwa Sammeltaxis, sodass man auch in nicht mehr ganz nüchternem Zustand sicher nach Hause kommt.

- Hast du das Gefühl, dich jeden Moment übergeben zu müssen? Dann fang an zu summen. Es ist fast unmöglich zu würgen, während man summt.

- Versuchst du auf einer Party zu erkennen, welches Lied gerade läuft? Dann konzentrier dich auf dein linkes Ohr. Es ist besser darin, Musik wahrzunehmen.

- Von einem Mixgetränk mit Cola Light wirst du schneller betrunken als von einem mit regulärer Cola.

5 schnelle Tipps zum Alkoholkonsum

1 Gieß dir deine Getränke selbst ein.

2 Trink nach jedem alkoholischen Getränk ein Glas Wasser.

3 Sei nicht der laut grölende Besoffski, wegen dem die Party abgebrochen wird.

4 Bleib die ganze Nacht über bei einer Sorte Alkohol.

5 Siehst du jemanden, dem es wirklich schlecht geht, dann zögere nicht, die 112 zu wählen. Auch wenn die anderen das vielleicht sagen, verlass dich lieber nicht darauf, dass er oder sie einen solchen Rausch ausschlafen kann.

Bierflaschen mit einer zweiten Bierflasche öffnen

1 Fass beide Flaschen am Flaschenhals an. Dann dreh eine der Flaschen auf den Kopf und hake ihren Kronkorken unter den der anderen Flasche.

2 Hebel den Kronkorken der unteren Flasche vorsichtig auf.

3 Stell die geöffnete Bierflasche auf einem Tisch ab. Platziere nun den Kronkorkenrand der geschlossenen Bierflasche auf dem Flaschenrand der geöffneten Flasche und löse ihn, indem du mit der freien Hand Druck ausübst.

4 Stoß mit einer Freundin oder einem Freund an – oder mit dir selbst. Prost!

- Du kannst ein verqualmtes Zimmer in kürzester Zeit von Zigarettenrauch befreien, indem du ein feuchtes Handtuch wie einen Ventilator über deinem Kopf kreisen lässt.

- Hast du zu viel getrunken, und nun liegst du im Bett, und alles dreht sich? Häng ein Bein aus dem Bett und stell den Fuß auf den Boden. Das signalisiert deinem Körper, dass er sich nicht bewegt, und lässt den Schwindel zurückgehen.

**Die Checkliste für Partybiester
und Feiermonster**

- **Schnapsgläser**
- **Kühlbox**
- **Eiswürfel**
- ***alkohol*freie Getränke zum Mixen sowie Runter- und / oder Nachspülen**
- **Knabberzeug und Süßigkeiten**
- **Lautsprecher**
- **eine verdammt gute Playlist**
- **Materialien für Party- / Trinkspiele**
- **Bier**
- **Bier**
- **Bier**

8. Essen und Ernährung

• Wenn du Essen in der Mikrowelle warm machst, solltest du es möglichst flach verteilen und ein Loch in der Mitte lassen, so wird es am gleichmäßigsten erhitzt.

• Ist noch Kaffee vom Frühstück übrig? Frier ihn ein. Dann hast du Eiswürfel, mit denen du deinen frisch gebrühten Kaffee bei Bedarf schnell auf Trinktemperatur runterkühlen kannst, ohne ihn zu verwässern.

• Nutella-Tassenkuchen: In einer Tasse je nach Größe 2 bis 3 EL Nutella, 2 bis 3 EL Mehl, ¼ TL Backpulver und 2 bis 3 EL Milch verrühren. Für eine Minute in die Mikrowelle stellen – fertig!

• Du kannst zwei Dinge gleichzeitig in der Mikrowelle erwärmen, indem du sie in zwei Schüsseln füllst und eine der beiden auf eine kleine Tasse oder ein anderes mikrowellengeeignetes Gefäß stellst.

10 Stoffwechsel-Booster gegen den Ersti-Hüftspeck

1 **Mandeln**

2 **Spinat**

3 **kaltes Wasser**

4 **Pute**

5 **Lachs**

6 **Chili**

7 **Kaffee**

8 **Ingwer**

9 **Joghurt**

10 **grüner Tee**

- Wenn's darum geht, wach zu bleiben, sind Äpfel tatsächlich effektiver als Koffein.

- Orangen sind wahre Stresskiller. Daran zu riechen oder sie zu essen, kann Stress um mehr als 70 % reduzieren.

- Öffne Chipstüten immer auf der Unterseite, denn dort hat sich der überwiegende Teil der Gewürzmischung angesammelt.

- Hast du beim Hosenkauf einen Bügel mit nach Hause bekommen, den du eigentlich gar nicht gebrauchen kannst? Denkste! Schieb die Klammer herunter oder brich sie ab, und schon hast du den perfekten Frischeverschluss für deine Chipstüte.

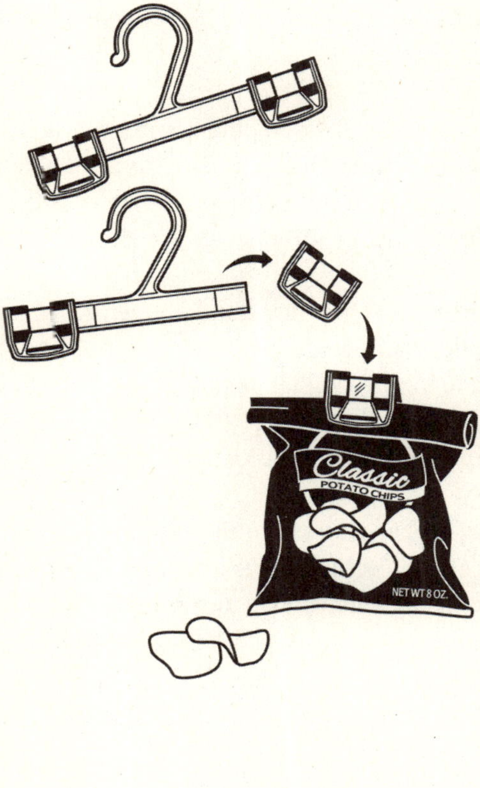

8.

- Der Vorratsschrank gibt nur noch eine Dose Würstchen her, aber du hast keinen Öffner? Geh nach draußen und reibe die Dose kopfüber etwa 30 Sekunden lang kräftig über die Gehwegplatten oder einen ähnlich harten, rauen Untergrund, bis sich der Deckel löst und herausdrücken lässt.

- Du isst gern Knoblauch, aber du findest es mühsam und nervig, ihn zu schälen? Leg die Zehen in eine geschlossene Dose und schüttele sie kräftig. Nach nur 20 Sekunden ist der Knoblauch sauber geschält – und das auch noch ganz ohne den unangenehmen Geruch an den Fingern.

- Die wenigsten essen eine komplette Packung Spaghetti auf einmal auf – doch wohin mit dem Rest? Leere Chipsdosen wie die von *Pringles* haben genau die richtige Höhe für normale Spaghetti.

- Selbstgemachtes Schoko-Bananen-Eis: Banane in Scheiben schneiden und einfrieren. Anschließend mit 250 ml ungesüßter Mandelmilch, 1 EL Kakaopulver, 1 TL Vanilleextrakt, ½ TL Chia-Samen und 8 bis 10 Eiswürfeln pürieren. Lecker!

- Dir kochen Nudeln und Kartoffeln immer über? Lege einen Kochlöffel aus unbehandeltem Holz quer über den offenen Topf – und schon bist du das Problem los.

Wann man am besten Wasser trinkt

- **2 Gläser nach dem Aufwachen bringen deine inneren Organe auf Trab**
- **1 Glas 30 Minuten vor dem Essen fördert die Verdauung**
- **1 Glas vor dem Baden oder Duschen wirkt sich blutdrucksenkend aus**
- **1 Glas vor dem Zubettgehen beugt Schlaganfällen und Herzinfarkten vor**

• Möchtest du dich gerne gesünder ernähren? Es gibt eine einfache Faustregel, die dir dabei hilft: Je bunter und ansprechender eine Verpackung, desto ungesünder ihr Inhalt. Mach vor allem einen Bogen um Lebensmittel, auf denen ein Maskottchen prangt.

• Du hättest gern den Röntgenblick? Tja, dafür gibt es leider noch kein Rezept. Allerdings enthalten Kiwis Lutein, ein Antioxidans, das die allgemeine Sehkraft verbessern kann.

• Steht eine besonders anstrengende Vorlesung oder Seminarsitzung an? Dann iss kurz vor Beginn eine Banane. Das gelbe Obst ist als Glücksmacher bekannt, und zwar zu Recht: Schon eine einzige Banane reicht aus, um bei Nervosität, Anspannung und Traurigkeit die Stimmung zu heben.

• Ups, ist zu viel Salz im Essen gelandet? Gib noch während des Kochens eine geschälte Kartoffel dazu. Sie saugt überschüssiges Salz regelrecht auf und rettet dein Gericht.

• Ist noch etwas über in der Sprudel-, Limo- oder Cola-Flasche? Dann dreh den Deckel fest zu und schüttle sie ein wenig. So bleibt die Kohlensäure über Wochen erhalten.

• Bist du immer müde, selbst wenn du lang und gut geschlafen hast? Vielleicht leidest du unter Flüssigkeitsmangel – trink gleich nach dem Aufwachen ein Glas Wasser.

• Die letzte Bierdose ist runtergefallen, und nun möchtest du sie trotzdem sofort öffnen, allerdings ohne Bierdusche? Klopfen hilft! Aber nicht etwa auf den Deckel, sondern einmal rundherum auf die Seitenwände.

Party-Pizzateller selbst gemacht

1 **Öffne den Pizzakarton.**

2 **Trenn den Deckel vom restlichen Karton ab.**

3 **Schneide den Deckel entzwei.**

4 Schneide die Deckelhälften ein weiteres Mal entzwei und serviere die Pizzastücke auf den improvisierten Papptellern.

5 Klapp den hinteren Teil des Bodens bei Bedarf nach vorne um, sodass du einen Teil der Pizza für später darin aufbewahren kannst.

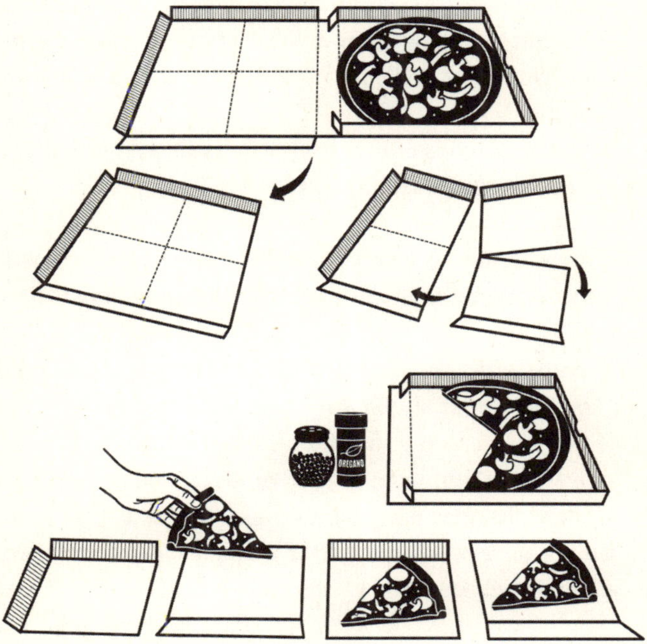

10 verboten leckere Starbucks-Getränke

1 Käpt'n Crunch: *Strawberries & Cream Frappuccino* mit Toffee-Nut-, Karamell- und Haselnusssirup sowie Schokoladenstreuseln

2 Fürst-Pückler-Frappuccino: *Strawberries & Cream Frappuccino* mit Schokoladensirup und Vanillepulver

3 Himbeer-Käsekuchen: *White Chocolate Mocha* (nach Belieben heiß, auf Eis oder als Frappuccino) mit Himbeersirup

4 Toffifee: Jedes beliebige Getränk mit Schokoladen-, Karamell- und Haselnusssirup

5 Oreo-Frappuccino: *Double Chocolate Chip Frappuccino* mit Weiße-Schokolade- statt Schokoladensirup

6 Nutella Latte: *Cafè Latte* mit Schokoladen- und Haselnusssirup sowie Karamellsauce

7 Biscotti Frappuccino: Ein *Frappuccino* deiner Wahl, in den die oder der Barista einen Biscotti mixt (den du vorher gekauft hast). Das verleiht jedem Eiskaffee einen gewissen «Biss»

8 Zuckerwatte-Frappuccino: *Vanilla Cream Frappuccino* mit Himbeersirup

9 French Vanilla: Jedes Getränk mit Toffee-Nut- und Vanillesirup im gleichen Verhältnis

10 365 Tage im Jahr *Lebkuchen Latte*: *Cafè Latte* mit Lebkuchen- und Weiße-Schokolade-Sirup

- Wenn du dein Muffin-Backblech umdrehst, die Rückseite fettest und den Teig auf die Erhebungen drückst, hast du nach dem Backen Teigschälchen, die du z. B. mit Eis befüllen kannst.

- Blockiert deine Mitbewohnerin oder dein Mitbewohner die Küche? Schmeiß einfach ein paar Würstchen oder eine Instant-Nudelsuppe mit etwas Wasser in die Kaffeekanne und stell die Kaffeemaschine an. Beides sollte nach etwa 10 Minuten fertig sein.

- Ist die Butter im Kühlschrank so hart geworden, dass man sie unmöglich streichen kann? Dann hoble sie mit einer Käsereibe direkt aufs Brot. Klappt ganz hervorragend!

- Schälst du die Banane immer vom Stiel her? Versuch es mal andersherum, und du wirst sehen: keine lästigen Fäden, die man umständlich entfernen muss.

- Besprenkle Reis oder Nudeln mit ein wenig Wasser, bevor du sie in der Mikrowelle warm machst. Dann schmeckt es fast wie frisch gekocht.

Der einfachste und schnellste Weg, einen Toast zu überbacken

1 **Leg deinen Toaster auf die Seite.**

2 **Beleg ein oder zwei Scheiben Toast ganz nach Belieben und lege als Letztes eine Scheibe Käse darauf.**

3 **Toaste die Scheiben, bis der Käse zerläuft.**

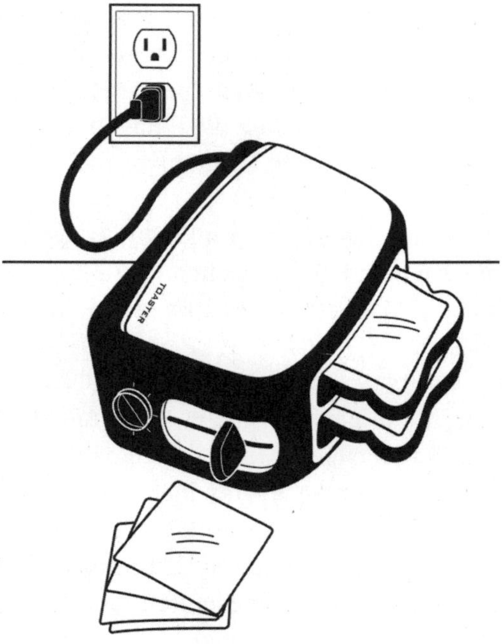

- Nudeln vom Vortag kann man ganz einfach aufwärmen, indem man sie kurz in kochendes Wasser wirft. Schon schmecken sie wie frisch gekocht.

- Wenn du deinen Kaffee morgens vor der Uni schwarz trinkst, sparst du nicht nur Kalorien, sondern bringst auch dein Verdauungssystem für den Tag von null auf hundert.

- Rutscht dir das Etikett des Teebeutels beim Aufgießen regelmäßig in die Tasse oder die Kanne? Beschwere den Faden mit einer Wäscheklammer.

- Diese sechs Lebensmittel sorgen nachweislich für gute Laune: Haferflocken, Müsli, Lachs, Milch, dunkle Schokolade und Bananen.

- Käsenudeln-Blitzrezept: Koch die Nudeln und gieße sie ab. Dann rühr etwas Milch und eine Handvoll geriebenen Käse unter die heißen Nudeln. Guten Appetit!

- Möchtest du schlauer werden, dann iss Weintrauben. Sie unterstützen das Gehirn dabei, neue Informationen zu verarbeiten.

- In einer leeren Honig-Kopfstehflasche kannst du nach gründlicher Reinigung sehr gut Sojasoße, Salatdressing und Ähnliches aufbewahren.

• Keine Lust abzuwaschen? Benutz eine mexikanische Tortilla statt eines Tellers. Du sparst dir nicht nur den Abwasch, sondern kannst sie anschließend auch noch verspeisen!

• Pfannkuchenteig lässt sich kinderleicht und ganz ohne Kleckerei portionieren, wenn man ihn vorher in eine leere und gründlich ausgewaschene Ketchupflasche füllt.

Improvisierte Servierschale für Chips, Erdnussflips und Salzbrezeln

1 **Kauf dir eine Tüte deiner Lieblingsknabberei.**

2 **Öffne die Tüte.**

3 **Schlag den oberen Rand nach innen um. Das sieht ordentlicher aus, ist aber nicht unbedingt notwendig.**

4 **Roll die Tüte von unten her auf, sodass sich eine gerade Fläche ergibt, auf der die Tüte sicher stehen kann, ohne umzufallen.**

5 **Stell die Tüte auf den Tisch und knabbere los.**

- Fülle Keks- und Chipskrümel in leere Gewürzgläser, und schon kannst du fade Gerichte im Nu nachwürzen und aufpeppen.

- Machst du dir gerne Popcorn? Die Maiskörner platzen besser auf, wenn sie kühl gelagert werden, beispielsweise im Kühlschrank.

- Haferflocken zählen zum Besten, was du vor einer Prüfung frühstücken kannst. Sie enthalten langkettige Kohlenhydrate, die langsam verdaut werden und dein Gehirn somit über einen längeren Zeitraum hinweg gleichmäßig mit Energie versorgen.

- Die Deckel der Starbucks-Becher für Kaltgetränke sind so designt, dass man sie als Untersetzer benutzen kann.

- Ist deine Freundin oder dein Freund mies drauf? Bestreich zwei Schoko-Cookies großzügig mit Schoko-, Stracciatella- oder Vanilleeis und setze sie dann zu einem Eissandwich zusammen. Wetten, die schlechte Laune schmilzt dahin wie Eis in der Sonne?

- Ein Kleiderbügel für Hosen ist der perfekte Rezept- oder Kochbuchhalter. Häng den Kleiderbügel an einen der Küchenschrankgriffe und klemm das Rezept bzw. das Kochbuch mit den Klammern fest. Jetzt kannst du jederzeit ins Rezept schauen und hast trotzdem beide Hände frei zum Kochen.

10 Lebensmittel, die dein Gehirn auf Touren bringen

1 Beeren: verlangsamen den Alterungsprozess des Gehirns

2 Hanfsamen: wirken sich positiv auf das zentrale Nervensystem aus

3 Spargel: unterstützt das Gehirn bei Lernprozessen

4 Möhren: bremsen die altersbedingte Abnahme der kognitiven Leistungsfähigkeit

5 Avocados: verbessern sowohl Erinnerungs- als auch Auffassungsvermögen

6 grünes Blattgemüse: verbessert die Hirnfunktion

7 Bananen: helfen dabei, aufmerksam und ruhig zu sein

8 Wassermelone: trägt zu einem scharfen Gedächtnis bei

9 Fisch: trägt dazu bei, dass die Nervenzellen im Gehirn reibungslos arbeiten

10 Rotwein: reduziert das Risiko, an Alzheimer zu erkranken

- SOS-Smoothie bei PMS: Man nehme 200 ml fettarme Milch, 1 TL Schokoladensirup, ½ Banane, 5 Erdbeeren sowie eine geschälte Kiwi. Zusammen mit ein paar Eiswürfeln pürieren und genießen.

- Du möchtest eine Wassermelone öffnen, hast aber kein Messer zur Hand? Setz eine 1-Euro-Münze mittig an und schnitze mit ihrer Hilfe eine tiefe Kerbe in die Schale. Jetzt kannst du sie mit einem gezielten Handkantenschlag halbieren. Kein Witz, das klappt wirklich!

- Möchtest du dir die beste heiße Schokolade der Welt machen? Lös einen Löffel Nutella in warmer Milch auf.

Die Küchen-Checkliste

- **Teller und Schüsseln**
- **Gläser und Becher**
- **Besteck**
- **Kaffeemaschine**
- **Mikrowelle**
- **Toaster**
- **Dosenöffner**
- **Pizzaschneider**
- **Fertiggerichte und Getränke**
- **Thermobecher**
- **Trinkflasche oder Isolierbecher**

- Messbecher
- Küchensieb
- Gewürze
- Spülmittel
- Spülschwamm oder -bürste
- Geschirrhandtücher
- Frischhaltedosen
- Frischhaltebeutel
- Beutelclips
- Küchenrolle
- Müllbeutel

Den inneren Schweinehund besiegen 9.

- Eine grüne Umgebung bzw. schon der kurze Blick auf etwas Grünes kann deine Kreativität ankurbeln.

- Selbstgespräche zu führen mag sonderbar wirken, aber es kann dir dabei helfen, dich zu motivieren, dich besser zu organisieren, bessere Ergebnisse zu erzielen und zufriedener mit dir selbst zu sein. Aber nur wenn du dich dabei selbst in der zweiten Person Singular ansprichst.

- Probier die Funktion «Schlafenszeit» deines iPhones aus. Dieser Biorhythmus-Wecker berücksichtigt deine Schlafphasen und weckt dich, wenn dein Schlaf am leichtesten ist. So fällt das morgendliche Aufstehen wesentlich leichter!

- Studien haben gezeigt, dass man in einer Umgebung mit Pflanzen effektiver lernt und Hausarbeiten schreibt: Man denkt klarer und erinnert sich später besser an die Inhalte – weil schon die bloße Anwesenheit von etwas Natürlichem sich positiv auf unser Gehirn auswirkt.

- Während des Lernens oder Hausarbeitenschreibens auf einem Sitzball anstelle eines Stuhls zu sitzen, kann deine Konzentration und Produktivität um bis zu 50 % erhöhen.

- Entrümple deinen Arbeitsbereich: Ordnung auf dem Schreibtisch sorgt für Ordnung im Kopf.

- Die 80-zu-20-Regel ist auch unter dem Namen Pareto-Prinzip bekannt. Ihr zufolge erledigt man 80 % der Arbeit in nur 20 % der insgesamt aufgewendeten Zeit. Lässt du dich während des Uni-Tages nicht von Dingen ablenken, die weniger wichtig sind, steigerst du folglich deine Gesamtproduktivität.

- Eine gelbe Umgebung hilft dabei, die Konzentration aufrechtzuerhalten. Die Farbe Gelb bremst die körpereigene Produktion von Melatonin, einem Hormon, das schläfrig und müde macht.

- Musik mit harten Beats stimuliert die Gehirnströme. Dies fördert die Konzentration – und zwar auch noch nach dem Musikhören.

- Eine einfache Atemtechnik, um sich wieder voll zu konzentrieren: Beim Einatmen bis 3 zählen, beim Ausatmen bis 4.

- Spiel gleich nach dem Aufwachen für 3 Minuten ein Spiel auf deinem Smartphone. Das bereitet dein Gehirn auf den Uni-Tag vor und macht dir das Aufstehen sehr viel leichter.

- Gibt es etwas, ohne das du am nächsten Tag auf keinen Fall aus dem Haus gehen darfst? Leg es in deinen Schuh, und du wirst gar nicht umhinkommen, daran zu denken.

5 Nickerchen für jede Gelegenheit

1 Powernap (10 bis 20 Minuten): ist sehr gut zum schnellen Energietanken, um sich anschließend direkt wieder an die Arbeit zu machen.

2 NASA-Nickerchen (26 Minuten): empfiehlt sich vor allem nach einem langen Uni-Tag, bevor man sich ans Nachbereiten, Lernen oder Hausarbeitenschreiben setzt. Die Wirkung ist wissenschaftlich bewiesen: In Experimenten verbesserte sich die Reaktionszeit von Piloten, die ein solches Nickerchen machten, um 34 % und ihre Aufmerksamkeit sogar um 54 %.

3 Schlechtes Nickerchen (30 Minuten): sehr weit verbreitet, aber tatsächlich alles andere als empfehlenswert, weil man danach schlaftrunken ist und entsprechend lange braucht, um wieder fit zu werden.

4 Tiefschlaf (60 Minuten): verbessert das Erinnerungsvermögen, insbesondere im Hinblick auf neu Erlerntes. Empfiehlt sich vor wichtigen Präsentationen, Besprechungen oder Vorstellungsgesprächen.

5 Kompletter Schlafzyklus (90 Minuten): fördert Kreativität sowie emotionales Gedächtnis und prozedurales Gedächtnis (insbesondere das Abspeichern motorischer Abläufe). Empfiehlt sich vor Abgabeterminen und wichtigen Prüfungen.

- Es mag absurd klingen, aber sich Fotos von niedlichen Tierbabys anzusehen, steigert nachweislich sowohl Konzentration als auch Produktivität um bis zu 44 %.

- Miss den Abstand vom unteren Rand deiner Handfläche bis zur Spitze deines Mittelfingers. Merk dir diesen Wert gut. Denn mit seiner Hilfe kannst du die Länge von Dingen abschätzen – ganz ohne Lineal.

- Brauchst du einen kleinen Motivationsschub? Nimm eine Dusche. Sich sauber zu fühlen sorgt erwiesenermaßen für eine Steigerung der Produktivität.

- Eins der wichtigsten Dinge, die du an der Uni lernen kannst, ist, «Nein» zu sagen, ohne dich dafür zu rechtfertigen.

- Mindestens 10 Minuten täglich Musik zu hören, steigert die Stressresistenz deines Gehirns.

- Ein blauer Raum erhöht die Wahrscheinlichkeit dafür, dass deine Konzentration nicht nachlässt, während du etwas für die Uni machst.

- Sei optimistisch. Wer positiv denkt, vor allem dank Formulierungen in der Zukunftsform, regt das Zellwachstum im Gehirn an und reduziert Stress, Angstgefühle sowie innere Unruhe – die ihrerseits sogar Gehirnzellen abtöten.

- Neue E-Mails, die dringende Vorbereitung fürs Seminar, Last-Minute-Lernen – das alles solltest du kurz nach dem Aufwachen erst einmal beiseiteschieben. Denn früh am Morgen werden die Weichen für den kommenden Tag gestellt. Nutze diese Zeit also für ein gutes Frühstück, etwas Frühsport, um die Nachrichten zu lesen oder zu meditieren. Du wirst sehen, das steigert deine Produktivität für den Rest des Tages.

- Wenn du aufs Auto verzichtest und stattdessen Bus und Bahn fährst, hast du auf dem Weg zur Uni ganz automatisch Kopf und Hände frei, um Dinge zu erledigen.

- Kleb ein paar Reißzwecken an der Snooze-Taste deines Weckers fest, und du wirst nie wieder zu spät zur 8-Uhr-Vorlesung kommen.

9.

10 einfache Tipps und Tricks gegen Faulheit und Trägheit

1 Überleg dir genau, wie das Ergebnis aussehen soll, bevor du mit der Arbeit loslegst.

2 Teil dir große Aufgaben in kleinere Arbeitspakete ein.

3 Gewöhn dir regelmäßige Mahlzeiten an und plane sie im Voraus.

4 Stell dir das Überwinden des inneren Schweinhundes als Kampf vor. Erfolgreiche Menschen lassen sich nicht von Faulheit und Trägheit besiegen.

5 Entwickle einen Tagesplan, an den du dich ohne großes Nachdenken halten kannst.

6 Nutze Affirmationen als Motivationstechnik: Versichere dir selbst regelmäßig: «Du wirst dein Ziel erreichen!» und: «Du wirst die Faulheit nicht die Oberhand gewinnen lassen!».

7 Behandle deine Zeit wie Geld.

8 Treibe jeden Tag ein wenig Sport.

9 Schlaf genug.

10 Konzentrier dich jeweils nur auf eine Aufgabe zur selben Zeit.

- Keine Lust, eine Aufgabe anzugehen, aber die Zeit drängt? Zwing dich, loszulegen, denn ist der Anfang erst einmal gemacht, kommst du von ganz allein in Schwung – und der kann stundenlang anhalten.

- Erzähl anderen von deinen Zielen. Das sorgt für den nötigen Ehrgeiz, schließlich werden sie früher oder später nach den Ergebnissen fragen.

- Pfefferminze stimuliert erwiesenermaßen das Gehirn und fördert die Konzentration.

- Regelmäßig unter der Dusche zu singen hilft dabei, das Immunsystem auf Touren zu bringen, den Blutdruck zu senken, Stress abzubauen und die Laune zu verbessern.

- Perfektionismus ist eine zweischneidige Angelegenheit. Einerseits treibt er uns zu Höchstleistungen, andererseits kostet er Zeit und Energie. Überleg dir also, bei welchen Aufgaben und Zielen es völlig reicht, nur halb so viel Aufwand zu betreiben.

- Es hat sich gezeigt, dass man schneller einschläft, wenn man auf der rechten statt auf der linken Seite liegt.

- Gönn dir ausreichend Pausen. Niemand kann ununterbrochen 100 % geben. Leg also lieber regelmäßig Pausen ein und nutze den Energieschub.

- Stell dir eine «Jetzt muss ich aber wirklich gleich los»-Playlist zusammen, die genauso lang ist, wie du morgens immer brauchst. Dann ist klar: Wenn der letzte Song anfängt, beginnt dein persönlicher Countdown.

- Bilde eine Lern- und / oder Arbeitsgemeinschaft mit jemandem, der hundertprozentig bei der Sache ist. Nichts hält einen besser davon ab, Löcher in die Luft zu starren, als ein Gegenüber, das wie besessen vor sich hinarbeitet.

- Schieb unliebsame Pflichten nicht vor dir her, sondern erledige sie als Erstes, am besten gleich zu Beginn des Tages. Zu wissen, dass du die verhasste Aufgabe schon hinter dir hast, wird dir einen Motivationsschub für den gesamten Rest des Tages verpassen.

- Drückst du die Snooze-Taste an deinem Wecker und döst noch einmal ein, bist du letztlich müder, als wenn du gleich beim ersten Klingeln aufgestanden wärst.

- Die 2-Minuten-Regel: Siehst du etwas, das gemacht werden muss und das nicht länger als 2 Minuten Zeit in Anspruch nimmt, dann erledige es sofort.

- Möchtest oder musst du dir eine Vorlesung auf YouTube anschauen? Dann klick auf Einstellungen und verdopple die Abspielgeschwindigkeit. Das mag sich am Anfang komisch anhören, aber du wirst nach einer kurzen Eingewöhnungsphase ohne Probleme alles verstehen, was gesagt wird – und dir das Video in der Hälfte der Zeit ansehen können.

- Ort und Umgebung stellen wesentliche Einflussfaktoren für produktives Arbeiten dar. Experimentier ein wenig herum und probier aus, wo du am besten etwas für die Uni tun kannst: in deinem Zimmer, in der Bibliothek, in einem Café …

- Kleinere Tätigkeiten wie Zähneputzen mit der nicht dominanten schwächeren Hand auszuführen, zwingt dein Gehirn, anders zu arbeiten als gewohnt. Und das wiederum trainiert tatsächlich deine Fähigkeit zur Selbstkontrolle.

- Wissenschaftliche Tests belegen, dass es hilft, seine Ziele schriftlich zu formulieren. Dadurch ist man nicht nur sehr viel zuversichtlicher (selbst sechs Monate später noch), sondern auch wesentlich erfolgreicher.

- Im Durchschnitt verbringen wir in etwa zwölf Jahre unseres Lebens mit Fernsehen. Stell dir vor, was man allein schon mit der Hälfte der Zeit alles anfangen könnte.

- Nervt es dich, dass Post-its immer von der Oberfläche abstehen, auf die du sie geklebt hast, und außerdem nicht lange daran kleben bleiben? Jede Wette, dass du die Zettel von unten nach oben abziehst. Dreh den Block mal um 90° und zieh sie seitlich ab – Problem gelöst.

Die Checkliste für Ordnung und Übersicht

- **Unterbettkommode**
- **Aufbewahrungsbox(en)**
- **Wäschekorb (für den Gang zur Waschmaschine)**
- **Wäschekorb (für die Aufbewahrung von Schmutzwäsche)**
- **Kleiderbügel**
- **Kleiderhaken**
- **Schuhregal**
- **Schrank-Organizer**
- **Schubladen-Organizer**
- **Kleiderstange / -ständer**
- **Staubsauger**
- **Werkzeugkasten**
- **Wandspiegel**
- **Wäscheständer**
- **Hängeduschkorb**
- **Tagesdecke**

Was du vielleicht sonst noch wissen solltest

10.

- Ein toller Notendurchschnitt macht sich unbestreitbar gut auf dem Papier, aber was dir letztlich einen Job verschafft, sind Beziehungen und Kontakte.

- Egal, wie langsam du auch vorankommen magst, du bist immer noch schneller als alle, die es gar nicht erst versuchen.

- Bewahr eine Notfallkarte mit deinen Notfallkontakten sowie relevanten medizinischen Informationen über dich in deinem Portemonnaie auf. Sie könnte dir eines Tages das Leben retten.

- Wenn du dich per Telefon krankmelden möchtest, dann leg dich auf dein Bett und lass deinen Kopf über das Bettende hängen. Dadurch hörst du dich erkältet an.

- Benutze eins deiner Ziele als Passwort. So wirst du zwangsläufig ständig daran erinnert.

- Wenn du redest, dann wiederholst du nur, was du schon weißt. Beim Zuhören könntest du hingegen tatsächlich etwas Neues erfahren.

- Kaufst du dein Büromaterial online? Dann lies die 3-Sterne-Bewertungen. Sie sind am ehrlichsten, wenn es darum geht, die Vor- und Nachteile gegenüberzustellen.

10 Lektionen, die fast alle Erstis auf die harte Tour lernen (müssen)

1 Mach immer ein Back-up von deinen Dateien. Immer.

2 Schreib während der Vorlesung oder im Seminar mit, und zwar mit Köpfchen. Kein Mensch kann etwas mit einer Mitschrift anfangen, die kaum lesbar ist oder in der wesentliche Punkte fehlen.

3 Kläre Meinungsverschiedenheiten und Konflikte mit deinen Mitbewohnerinnen und Mitbewohnern frühzeitig. Lass sie nicht vor sich hinbrodeln und sich hochschaukeln, bis ihr einander hasst.

4 Leg ein Budget fest und halt dich daran. Immer.

5 Den Ersti-Hüftspeck gibt es wirklich.

6 Feiern sollte nicht deine oberste Priorität sein.

7 Geh immer zu deinen Vorlesungen und Seminaren. Immer. Du weißt nie, wann die Dozentin oder der Dozent einen entscheidenden Hinweis für die Prüfung gibt oder die Anwesenheitsliste herumgehen lässt.

8 Schaff dir eine Kreditkarte ausschließlich für Ausnahmesituationen und Notfälle an, etwa für Aus-

landsreisen oder Zahlungen in bestimmten Onlineshops. Halt dir immer vor Augen, dass dir die Karte bzw. die Bank das Geld nicht schenkt. Immer.

9 **Übertreib es nicht mit dem Kaffee. Wach bleiben kannst du genauso gut, indem du genug trinkst, dich ausgewogen ernährst und ausreichend schläfst.**

10 **Achte beim Erstellen deines Stundenplans darauf, dass es Veranstaltungen gibt, die nicht jedes Semester angeboten werden oder eine beschränkte Teilnehmerzahl haben. Andernfalls könnte sich das böse rächen und dazu führen, dass du ein Semester dranhängen musst.**

• Der Schlüssel zur Selbstsicherheit liegt darin, einen Raum zu betreten und davon auszugehen, dass dich jeder dort mag.

• Die größte Lüge, die du dir während deines Studiums selbst erzählen wirst, lautet: «Das brauche ich mir nicht aufzuschreiben. Daran erinnere ich mich auch so.»

• Fällt es dir schwer, an der Uni neue Leute kennenzulernen? Geh beim nächsten Regen mit einem riesengroßen Schirm über den Campus. Ruck, zuck hast du einen Haufen neue Bekanntschaften.

• Kannst du dich nicht auf die Uni konzentrieren, weil dir die ganze Zeit ein nervtötender Ohrwurm im Kopf herumgeistert? Sing oder hör das Lied einmal bis ganz zu Ende. Man tendiert nämlich dazu, sich besser an unterbrochene und nicht abgeschlossene Dinge zu erinnern, auch bekannt als «Zeigarnik-Effekt».

• Die sogenannte Vergewaltigungsdroge Rohypnol hat einen salzigen Geschmack. Sollte dein Getränk plötzlich salzig schmecken, lass sofort die Finger davon.

• Trage Kondome nie in deinem Portemonnaie mit dir herum. Nach nur einem Monat steigt die Wahrscheinlichkeit um 50 %, dass sie beschädigt und damit undicht sind.

• Finde drei Hobbys, die du liebst: eins, um Geld zu verdienen, eins, um in Form zu bleiben, und eins, um kreativ zu sein.

• Dass du Kopfhörer trägst, bedeutet nicht, dass man es nicht hört, wenn du einen fahren lässt. Daran solltest du unbedingt denken, wenn du das nächste Mal in der Bibliothek sitzt und lernst.

• Du hast das Gefühl, dass du etwas brauchst, aber du weißt nicht, was genau? Es ist Wasser. Es ist immer Wasser.

- Wenn du das nächste Mal an der Uni zur Toilette gehst, solltest du daran denken, dass die Kabine, die am nächsten zur Tür liegt, in aller Regel die sauberste ist, weil sie am seltensten benutzt wird.

- Schon während des ersten Kennenlernens solltest du versuchen, deine neuen Bekanntschaften im Gespräch mit Namen anzureden. So entsteht gleich ein Gefühl von Vertrauen und Freundschaft.

- Aus deinen Fehlern zu lernen, ist weise. Aus den Fehlern anderer zu lernen, geht schneller und einfacher.

- Es lohnt sich immer, ein wenig mehr für ein ordentliches Bett und ein gutes Paar Schuhe auszugeben. Wenn du nicht in dem einen drinliegst, hast du das andere an.

- Bist du auf der Suche nach Firmen, bei denen du dich nach Abschluss deines Studiums bewerben kannst? Auf www.kununu.com, www.xing.com, www.glassdoor.de oder www.greatplacetowork.de kannst du Arbeitgeberbewertungen finden, die dir vielleicht einen ersten Eindruck vermitteln, wie es ist, dort zu arbeiten.

- Schlaf lieber nicht nackt. Sollte plötzlich ein Notfall eintreten, könnte es sein, dass die Zeit nicht mehr ausreicht, um dich noch anzuziehen.

- Der einfachste Weg zu guten Noten bzw. den erforderlichen Credit Points besteht darin, dich gleich zu Anfang des Semesters reinzuhängen. Dann sind die Referatsthemen noch nicht so kompliziert und komplex, die Bücher stehen noch in der Bibliothek, und du bist noch verhältnismäßig frei in der Zeitplanung.

- Bist du auf dem Campus bei etwas richtig Peinlichem erwischt worden? Sag einfach, du hättest eine Wette verloren.

- Du musstest in aller Herrgottsfrühe zur Vorlesung oder hast eine Nachtschicht eingelegt, und nun ist dein Schlafrhythmus total im Eimer? Dann versuch einen «Reset»: Hör 12 bis 16 Stunden, bevor du wieder wach sein möchtest, auf zu essen. Wenn du anschließend wieder etwas isst, stellt sich deine innere Uhr neu ein und sagt deinem Körper, dass nun ein neuer Tag beginnt.

- Spielt ihr auf dem Campus hin und wieder Frisbee? Wirf die Scheibe wie einen Stein, den du möglichst oft über die Wasseroberfläche hüpfen lassen möchtest. Mit dieser Wurftechnik gelingt dir immer ein gerader Wurf.

- Verschicke deinen Lebenslauf nie als Word-Dokument, es sei denn, dies ist ausdrücklich erwünscht. Sende es stattdessen als PDF-Dokument, das sieht sauberer aus und wirkt professioneller.

10 Kleinigkeiten, die das Leben an der Uni einfacher machen

1 Trink viel Wasser.

2 Schlaf mehr als 7 Stunden pro Nacht.

3 Wasch dir zwei Mal am Tag das Gesicht.

4 Nimm hin und wieder ein Bittersalz-Bad.

5 Sorg dafür, dass dein Zimmer sauber und ordentlich ist (und bleibt).

6 Iss frisches Obst.

7 Nimm dir Zeit für dich selbst.

8 Denk positiv.

9 Mach regelmäßig Sport.

10 Hör Musik.

• Kleider machen Leute: Das Erste, was andere (unbewusst) an dir wahrnehmen, sind deine Schuhe. Daher: Augen auf beim Schuhkauf.

• Möchtest du nach der Uni einen guten Job finden? Freunde dich mit möglichst vielen Mitstudierenden in deinem Fachgebiet an, die schon ein paar Semester weiter sind oder sogar schon kurz vor dem Abschluss stehen.

• Wer später als 23:30 Uhr zu Bett geht, hat im Durchschnitt schlechtere Noten und ist anfälliger für emotionale Probleme.

• Hast du Angst, dein Bewerbungsgespräch zu vermasseln? Die Arbeitsagentur bietet ein kostenloses Online-Bewerbungstraining an. Du findest das Angebot namens «Fit für die Karriere», wenn du danach googelst oder unter der etwas sperrigen Adresse: https://lernboerse.arbeitsagentur.de/aktiv/media/akademiker/101005_bewerbungstraining/wbt.htm.

• Die goldene Regel des Geldausgebens lautet: Wenn du es dir nicht leisten kannst, etwas zweimal zu kaufen, dann kannst du es dir überhaupt nicht leisten.

• Halt in der Mensaschlange Ausschau nach denen, die schon ein paar Semester weiter sind, und beobachte, ob sie ein bestimmtes Essen bevorzugen oder meiden. Sie kennen jedes Gericht und wissen, bei welchen man dankend abwinken sollte.

• Den Bachelor zu machen sollte dir Spaß machen, der Master später Geld einbringen.

- Der beste Weg, um im Internet die richtige Antwort auf eine Frage zu finden, ist, nicht die Frage zu posten, sondern die falsche Antwort.

Die Was-du-sonst-noch-alles-für-die-Uni-brauchen-könntest-Checkliste

- **wiederaufladbare Batterien (Akkus)**
- **Verlängerungskabel**
- **Schere**
- **Regenschirm**
- **Taschenlampe**
- **Erste-Hilfe-Set**
- **Klebeband**
- **Insektenspray**
- **Schneeschieber**
- **Nähset**
- **Ventilator**
- **Fahrradschloss**
- **Kopfhörer**
- **Sessel / Schaukelstuhl**
- **Glühbirnen**
- **Raumdüfte**

Keith Bradford
Life Hacks

Das nützlichste Buch der Welt!

Mundgeruch loswerden, sich vor Gewittern retten, Glasscherben gefahrlos aufheben, Wespenstiche behandeln und Bier in zwei Minuten kühlen: alles kein Problem mit den «Life Hacks». Das sind clevere Tricks, die einem bei den kleinen Herausforderungen im Leben helfen. Im Internet werden sie fieberhaft gesammelt und begeistert geteilt. Keith Bradford sammelt die 1000 lustigsten und cleversten Tricks, die das Leben erleichtern – und erstaunlich einfach sind. Sie bekommen Antworten auf Fragen, die Sie sich schon immer gestellt haben, und Hilfe für jede Lebenslage.

Die verblüffendsten Ideen und originellsten Tipps für den Alltag.

208 Seiten

Sb171/1